Carsten Feddersen

Blattschüsse

Dieses Buch ist meinem
Großvater Ewald Kiel
und meinem Bruder
Kai-Bossen gewidmet.

Carsten Feddersen

Blattschüsse

Jagdgeschichten

rosenheimer

Bearbeitung, Lektorat und Satz:
VerlagsService Dr. Helmut Neuberger und
Karl Schaumann GmbH, Heimstetten
Titelfoto: Bernd Römmelt, München
Druck und Bindung: Oldenbourg Taschenbuch GmbH,
Hürderstraße 4, 85551 Kirchheim

ISBN 3-475-53370-7

Inhalt

Vorwort

In diesem Buch geht es um die Jagd. Trotzdem kann und will es kein Jagdbuch im engeren Sinne sein, kein Buch, das nur vom Erlegen bestimmter Wildarten handelt.

Es ist auch und vor allem ein Rückblick auf die Zeit meiner Jugend. Leider habe ich nie ein persönliches Tagebuch geführt, in dem ich all die großen und kleinen Ereignisse festgehalten hätte, die mein Leben prägten. Umso größer waren meine Überraschung und Freude, als beim Schreiben dieses Buches immer mehr dieser Kindheits- und Jugenderlebnisse vor meinem inneren Auge wieder lebendig wurden.

Und jetzt, Jahrzehnte später, begreife ich erst richtig, wie reich diese Zeit doch war, und ich empfinde eine große Dankbarkeit gegenüber meinen Eltern und Großeltern, die mir diese unbeschwerte und sorgenfreie Jugend ermöglicht haben. Dabei blicke ich nicht wehmütig oder gar traurig auf diese vergangenen, unwiederbringlichen Jahre zurück, sondern freue mich an der Erinnerung.

Und ich hoffe, dass Sie, liebe Leserin, lieber Leser, an all den kleinen Geschichten, die sich um meine großen Passionen Natur, Tiere und – last but not least – um die Jagd drehen, beim Lesen genauso viel Spaß haben wie ich beim Schreiben. Und wenn ich den einen Nicht- oder Noch-nicht-Waidmann für die Jagd interessieren oder zumindest dafür Verständnis wecken könnte, hätte dieses Buch seine Aufgabe erfüllt.

Bothkamp, im Frühjahr 2003 Carsten Feddersen

Von Kindesbeinen an

Wenn man als Kind schon sehr frühzeitig mit der Jagd konfrontiert wird, stellt sich ebenso frühzeitig heraus, ob man dieser Passion dauerhaft verfällt oder nicht.

Ferien und Wochenenden – das bedeutete für mich häufig einen Aufenthalt auf dem Land bei meinen Großeltern, die ein »landwirtschaftliches Lohnunternehmen« betrieben. Sowohl Großvater als auch Onkel waren aktive Jäger, sodass ich den Anblick von erlegten Hasen, Fasanen, Kaninchen, Füchsen oder Rehen durchaus gewohnt war. Großes Interesse und ständiges Drängeln meinerseits veranlassten meinen Großvater, dem passionierten Enkel die Funktions- und Wirkungsweise eines Luftgewehres zu demonstrieren.

Von diesem Moment an war das kleine Knicklaufgewehr der Marke Diana mein ständiger Begleiter, wobei der Begriff »klein« genau genommen nur meine heutige Sicht widerspiegelt. Denn damals bestand zwischen dem zehnjährigen Jungjäger und der »Diana« kaum ein Größenunterschied.

Bald war sich Großvater sicher, dass mein Umgang mit der Waffe und meine Treffsicherheit, die ich zunächst an unbeweglichen Zielen wie Dosen und Flaschen erprobte, selbstständiges Pirschen erlaubten. Damit dehnte sich mein Aktionsradius auf interessantere Gefilde des weitläufigen Geländes aus.

Bevorzugte Anstände waren das Gehege für die Hühner mit seiner aus meiner Sicht weit überhöhten Spatzenpopulation und die großen Kirschbäume, die vor allem in den frühen Morgenstunden von riesigen Starenschwärmen heimgesucht wurden.

In die Blechwand des an den Hühnerfreilauf angrenzenden Schuppens, in dem sich die große Blocksäge befand, schnitt ich mir ein faustgroßes Guckloch und verbrachte dort, auf der Laufschiene der Blocksäge sitzend, so manchen Ansitztag. Neben den zahlreichen Spatzen konnte ich auch Mäuse und Ratten der abendlichen Stöckenmeldung hinzufügen. Da insbesondere Ratten als »hartes Wild« den Schuss mit Flucht quittierten, sammelte ich in dieser Zeit erste Erfahrungen im Nachsuchen. Leider führte ich zu dieser Zeit noch kein Schussbuch, sodass genaue Aussagen über Strecken und verbrauchte Munition nicht mehr mit letzter Sicherheit zu treffen sind.

Ein Ereignis möchte ich diesem Bericht über diese ersten Schritte noch beifügen. Es ist mir detailgetreu im Gedächtnis geblieben und bis heute prägend für meine jagdliche Verhaltensweise: Es war ein kalter und regnerischer Morgen. Sowohl Spatzen als auch Stare schienen ihre behaglicheren Einstände vorzuziehen, anstatt tschilpend und krächzend auf Futtersuche zu gehen. Entsprechend trost- und erfolglos gestaltete sich die Morgenpirsch.

Als ich vorsichtig um die Ecke des Wohnhauses blickte, saß etwa zehn Meter entfernt ein brauner Vogel unter der Regenrinne und blickte aufgeplustert von seiner trockenen Warte aus in den Regen.

Ein schneller Schritt nach vorn, Waffe hoch, Kimme und Korn fanden das Ziel, und raus war der Schuss.

Mit aufkeimendem schlechten Gewissen eilte ich zu meiner Beute, einem Fliegenschnäpper.

Wie aus dem Boden gewachsen stand plötzlich Opa neben mir. Er verschränkte die Arme vor der Brust, schaute mich an und sagte: »Und ich dachte, du wärst ein richtiger Jäger!« Sprachs und wandte sich ab.

Keine körperliche Züchtigung hätte mehr schmerzen können. Ich bin meinem Großvater noch heute dankbar für diese Lehre.

Mein Onkel jagte damals, mit einem Begehungsschein ausgestattet, in der ortseigenen, etwa 300 Hektar großen Gemeindejagd. Diese grenzte an einer Seite an den Staatswald und bestand aus Ackerflächen, Wiesen und den in Schleswig-Holstein obligatorischen Knicks, den Hecken zur Begrenzung der Felder. Es gab in diesem Revier zahlreiche Hasen und Kaninchen, einen guten Rehwildbestand sowie Dam- und Schwarzwild als Wechselwild. Insbesondere die Knicks hatten es im wahrsten Sinne des Wortes in sich – Fasane nämlich. Im Herbst dann stöberte Groll, ein wunderschöner Kleiner Münsterländer, vor der Flinte die Hecken ab.

Wenn sich mein Onkel dann dem Betteln seines kleinen Neffen nicht mehr zu entziehen wusste, durfte ich gnadenhalber als Träger fungieren. Die geschossenen Fasane wurden auf den Schultern immer schwerer, und der Lehm an den Füßen tat ein Übriges, um mich an die Grenzen meiner körperlichen Leistungsfähigkeit zu bringen. Doch auch solche Gewaltmärsche konnten die einmal entfachte Passion nicht bremsen.

In dieser Zeit wurde auch die Fallenjagd mit Eisen und Durchlauffalle intensiv betrieben, sicherlich ein wesentlicher Grund für die hohen Niederwildstrecken. Dass ich den zuständigen Jäger Karl, wann möglich, bei der täglichen Kontrolle begleitete, war Ehrensache.

Eines Tages konnte diese, aus welchen Gründen auch immer, erst in der bereits einsetzenden Dämmerung erfolgen. Schon von weitem war erkennbar, dass die auf einem Zwangswechsel über einen Wasserlauf fängisch gestellte hölzerne Durchlauffalle geschlossen war. Erwartungsvoll eilten wir dorthin, während am Himmel schon die ersten Sterne standen. Die Falle wies nur einen schmalen Schlitz an der Oberseite auf, von dem aus man den Durchlauf einsehen konnte. Karl blickte hinein, interpretierte den Fang als schweren Hauskater und streckte ihn mit einem Schuss aus der Pistole, Kaliber 22 nieder. Kräftig und zuversichtlich wurde der vermeintliche Niederwildräuber herausgeschüttelt und entpuppte sich als starker Rammler, sicherlich der Stammvater eines großen Geschlechtes.

Karl kommentierte diesen Zufallserfolg ein wenig fassungslos mit den Worten: »Na ja, den können wir zumindest essen.«

Auch das bald darauf folgende Ereignis war kaum dazu angetan, das leicht angeknackste jagdliche Selbstvertrauen Karls wieder dauerhaft ins Lot zu bringen: Ich saß mit meinen Großeltern in der Küche. Diese wurde damals noch von einem alten Holzherd mit wohliger Wärme erfüllt, in dessen Backofen man die kalten Füße wärmen konnte, während in der Schüre die Holzscheite knackten. Da betrat Karl mit schweren Schritten den Raum. Mit schnellem Griff entledigte er sich des, wie ich mit aufsteigender Spannung erkennen konnte, nur wenig gefüllten Rucksacks und schüttelte daraus einen eben erlegten Steinmarder auf den Terrazzoboden der Küche.

Während ich »Waidmannsheil« rief und auf das Tier zueilte, blickte mein Großvater auf das Opfer des abendlichen Ansitzes und sprach: »Der lebt ja noch!« Dabei deutete er auf die zuckenden Pranken des angeblich Gemeuchelten.

»Ach was!«, war von Karl im Brustton der Überzeugung zu vernehmen. »Das sind doch nur noch die Nerven!«

Im selben Moment öffnete der für tot Erklärte seine Lichter, ein Ruck ging durch den Körper bis hin zur buschigen Rute, und in panischem Schrecken durchfloh der wieder Auferstandene die Küche. Das Entsetzen war aber nicht nur auf seiner Seite. Ängstliche Schreie meiner Großmutter und das ruckartige Zusammenraffen von Röcken und Hosenbeinen veranlassten den Marder zu immer schnelleren Runden an den Wänden des Raumes entlang. Flaschen, Gläser, Milch- und Marmeladentöpfe krachten scheppernd zu Boden. Opa stürzte zum Fenster, riss es auf und der Marder stürzte, dem frischen Luftzug wie einem Lichtstrahl folgend, auf Nimmerwiedersehen in die Freiheit.

Für einen Moment herrschte atemlose Stille, nur das Ticken der Küchenuhr und die sich leicht bewegenden Vorhänge beherrschten die Szenerie. Dann ein erstes Glucksen, schließlich brüllendes Gelächter. Solche Szenen vergisst man für sein ganzes Leben nicht.

Lassen Sie mich an dieser Stelle ein anderes Erlebnis mit einem Marder erzählen, das sich einige Jahre später auf dem elterlichen Besitz abspielte und ebenfalls die Härte dieser ebenso possierlichen wie rücksichtslosen Räuber zeigt.

Das elterliche Wohnhaus wird von einem etwa 600 Quadratmeter großen Teich von dem Hühnerfreilauf getrennt, einem Areal, in dem sich neben dem namengebenden Geflügel auch Enten und Gänse befanden.

Ich war gerade damit beschäftigt, zwecks Vorbereitung des jährlichen Abfischens an der dem Haus zugewandten Seite des Teiches das Schilf abzumähen. Meine Eltern arbeiteten auf der anderen Seite in Höhe des Hühnerfreilaufs mit zweizinkiger Gabel und Spaten.

Dann auf einmal ein Aufschrei. Ich sah meine Mutter wild gestikulieren. Der über den Teich schallende Ausruf »Marder, Marder« löste in mir eine Folge instinktiver Reaktionen aus: Sense fallen lassen, Spurt um den Teich und Erfassen der Situation. Ein Steinmarder befand sich zwischen dem sichtlich erregten Federvieh und suchte, da erkannt, sein Heil in der Flucht. Geistesgegenwärtig zielte mein Vater mit der zweizinkigen Gabel nach dem Eindringling und heftete ihn mit dieser Waffe am Erdboden fest. Erkennbar waren die Zinken jedoch rechts und links am Körper des Marders vorbeigeglitten und hinderten ihn, obgleich er unverletzt war, an der weiteren Flucht.

So weit der Stand der Ereignisse, als ich am Ort des Geschehens eintraf. Die einzige aus meiner Sicht taugliche Waffe war für mich der Spaten, den meine Mutter in der Hand hielt. Vom Jagdeifer gepackt und beseelt von dem Wunsch, unsere wild schnatternde Enten- und Gänseschar nach Kräften zu verteidigen, entriss ich ihr diese Schlagwaffe derartig ruckartig, dass sie der Stiel ziemlich hart am Kinn traf. Es zeugt von der Standfestigkeit meiner Mutter, dass sie, sichtlich benommen, doch immerhin auf den Beinen blieb.

Ich stürmte inzwischen, ohne die Notwendigkeit etwaiger Erste-Hilfe-Leistungen zu prüfen, auf den potenziellen Geflügeldieb zu und schlug ihm mit einem wuchtigen Hieb den Spatenstiel auf den Kopf.

Augenblicklich streckte sich der Marder, und Vater lockerte den eisernen Griff in der Annahme, dass wir das Tier nunmehr erledigt hätten. Sofort ergriff der Marder die Flucht. Wir sahen uns an und dem Tier nach wie Bauer und Bäuerin dem flüchtenden Fuchs bei Wilhelm Busch.

Noch heute beschäftigt mich die Frage, ob der Marder wirklich für einen Moment betäubt war oder ob er bewusst toter Mann spielte. Ich hoffe jedoch, dass nicht nur meine Mutter Blessuren auszukurieren hatte.

In den immer schneeärmeren Wintern unserer Tage gelingt es immer seltener, diesem heimlichen Kobold der Nacht erfolgreich nachzustellen. So nimmt auch die Strecke der erlegten Marder einen vergleichsweisen geringen Umfang in meinem Schussbuch ein. Doch davon zurück in die Zeit jagdlicher Anfänge.

Mit »Und könnt' es Herbst im ganzen Jahre bleiben« betitelte Frevert eines seiner hervorragenden Bücher über Wild und Jagd in Rominten. Trotz Unkenntnis dieses erst viele Jahre später erschienenen Werkes empfand ich doch in meinen Jugendjahren ähnlich. In gespannter Erwartung beobachtete ich jeweils im Herbst die sich verstärkenden jagdlichen Aktivitäten meines Onkels, zu denen auch der Entenstrich zählte.

In Ermangelung größerer Gewässer im Revier wählte Onkel Hans einen der im Oktober entstandenen Überschwemmungsbereiche in den so genannten Lünken auf Acker- oder Wiesenflächen aus. Hier wurden die Enten mit altem Brot und Weizen »gekirrt«. Schnell sprach sich in Entenkreisen herum, wo es diese Köstlichkeiten gab, und so erfreute sich der Ort allgemeiner Beliebtheit. Selbstverständlich war ich, wann immer ich durfte, bei der Beschickung und Beköstigung der Langschnäbel mit dabei.

Eines Abends, der Jagdschrank knarrte und die Patronentasche klapperte, erschien mein Onkel in der Wohnstube und fragte: »Na Carsten, willst du mit zum Ententeich?« Und ob ich wollte!

Schnell Gummistiefel und Tarnkleidung angezogen, den Hund ins Auto und ab ins Revier.

Mit Verwunderung fiel mein Blick auf den mitgeführten Drilling samt Zielfernrohr. Doch jetzt nur keine dummen Fragen stellen – am Ende schickt man dich wieder nach Hause.

An der Überschwemmungsfläche angekommen, schoben wir uns hinter einige von der Ernte verbliebene Maisstängel, die zusätzlich mit Fichtenreisig verblendet waren, und harrten der Dinge.

Der Abend war kühl, kaum ein Windhauch war zu spüren, und die Sonne senkte sich mehr und mehr hinter dem Horizont. Heute genießt man die bezaubernde Stimmung, das Innehalten der Natur, damals kreisten meine Gedanken nur um die Enten, die da kommen sollten. Dann, im Zwielicht zwischen Tag und Nacht, ein Klingeln in der Luft, ein Rauschen und Platschen. Es waren Enten eingefallen. Leise wies mich mein Onkel ein. Ja, da waren sie. Ein Erpel hob sich deutlich vom Wasser ab. Vorsichtig gab mir mein Onkel den Drilling und sprach: »Den kannst du schießen.«

Eine heiße Welle durchpulste meinen Körper, dann wurde mir kalt. Die Waffe entsichert, erhoben, die Ente auf dem Zielstachel aufsitzen lassend, brach der Schuss – und ich dachte, mir bräche die Schulter. Doch was war der Schmerz gegen das Bewusstsein, die erste Ente erlegt zu haben. Vor Aufregung verlor ich einen Stiefel, als ich dem apportierenden Hund entgegenlief. Doch Grolli ignorierte den mit Socken im knöcheltiefen Matsch stehenden, vor Aufregung zitternden zwölfjährigen Jungen und brachte den Erpel seinem Herrn.

Die Erpelfedern hatten über lange Jahre einen Ehrenplatz in meinem Zimmer, während die geschwollene, mit blauen Flecken übersäte Schulter alsbald ihre ursprüngliche Form und Farbe wieder annahm.

Durch diese jagdlich so reiche Jugendzeit war die Ablegung der Jagdscheinprüfung das Ende der geschilderten und der Anfang der weiteren jagdlichen Entwicklung. Ich bin Großvater, Eltern und Onkel noch heute dankbar für die behutsame und dabei konsequente Hinführung zur Jagd, die ich genießen durfte.

Erste Schritte

Im Jahr 1983 war es dann so weit. Nach unzähligen Übungsstunden, Schießübungen mit Büchse und Flinte, gemeinsamen Abfrageabenden und zermürbendem Büffeln hielt ich meine Prüfungsurkunde in den Händen, verbunden mit den herzlichen Glückwünschen und dem Waidmannsheil der Prüfungskommission.

Alles Glück der Welt war in meiner Seele und spiegelte sich auf dem Antlitz des frisch gebackenen Jungjägers wieder. Auf der Rückfahrt nach Hause erschollen statt Radiomusik raue Jägerlieder aus nunmehr berufenem Munde.

Nach Schulterklopfen und gehörigen Glückwünschen durch Eltern, Großeltern, Onkel, Freunde und Bekannte führte mich der nächste Tag schnurstracks zum Jagdwaffenhändler, bei dem ich einen gebrauchten Suhler Drilling im Kaliber 7 x 65 R erstand, der mir bis zum heutigen Tag die Treue hält.

Mit allen nötigen jagdlichen Utensilien ausgestattet und voller Tatendrang fuhr ich zu einem der Jagdpächter unserer fast 1000 Hektar großen Gemeindejagd und meldete das positive Ergebnis der Jagdscheinprüfung.

Meine Eltern waren 1981 in dieses kleine Dorf gezogen, und ich konnte von Anfang an durch landwirtschaftliche Ernteeinsätze, Aushilfe im Kuhstall sowie meine zweite große Leidenschaft, die Reiterei, schnell Kontakte in diesem neuen Umfeld knüpfen.

Mit Herrn B., Altbauer, Mitpächter oben genannter Dorfjagd und selbst passionierter Reiter in früheren Jahren, verband mich vom ersten Tag unseres Kennenlernens eine tief gehende Seelenverwandtschaft. Wie selbstverständlich durfte ich ihn bei seinen häufigen Reviergängen begleiten.

Nicht einmal ansatzweise entstand das Gefühl, der Jagdherr unterweise seinen Eleven, sondern stets stand das kameradschaftliche Miteinander im Vordergrund. Sensibilität und Feingefühl prägten diesen jagdlich abgeklärten Mann, seine ganze Liebe hing an seinem Revier, dem Wild und vor allem am Wald. Schon lange deckt ihn, der mir den waidmännischen Feinschliff angedeihen ließ, der grüne Rasen. Ich werde ihn nie vergessen.

Doch nun zurück in die Zeit jagdlicher Gemeinsamkeit. Den ersten Jahresjagdschein wohlwollend in Händen haltend und fachmännisch meinen Drilling prüfend, sprach er das Zauberwort: »Na, dann wollen wir mal!«

An diesem trockenen, heißen Tag Anfang August führte uns der Pirschgang kreuz und quer durch das Revier. Trotz Blattzeit bot sich außer einigen hoffnungsvollen jüngeren Semestern kein nennenswerter Anblick. Der fast windstille Tag neigte sich langsam dem Ende zu. In der aufsteigenden, angenehmen Kühle näherten wir uns dem eigentlichen Ziel, einem großen, im Altholzbestand gelegenen und gut frequentierte Dachsbau. Seit vielen Jahrzehnten wuchs hier Jahr für Jahr eine neue Dachsgeneration heran und sorgte für eine vergleichsweise hohe Bestandsdichte, sehr zur Sorge des Jagdherrn, der missmutig registrierte, dass der Bestand an Rebhühnern und Fasanen Jahr für Jahr weiter zurückging.

Schritt für Schritt, jeden trockenen Ast meidend, pirschten wir uns bis auf 60 Schritt an das Domizil derer von Grimbart heran. Diese genossen gerade die letzten Sonnenstrahlen und widmeten sich intensiv und wohlig brummend dem Staubbad, um lästige Untermieter und Blutsauger zur Zwangsräumung zu drängen.

Ein Jungdachs begann fünf Meter vor dem Bau nach Untermast zu stechen und zog breit. Mich beutelte bereits ganz gehörig das Jagdfieber. Nochmals tief durchgeatmet, den Zielstachel aufs Blatt gesetzt – ein greller Knall brachte das vielstimmige Vogelkonzert zum Schweigen. Wippende, feiste Pürzel stürzten sich in die Löcher der vielstöckigen unterirdischen Villa.

Doch da, wo mein erster Dachs im Feuer liegen sollte, lag er erkennbar und zu unser beider Verdruss nichts. »Du hast vorbeigeschossen!«, lautete die niederschmetternde, vorwurfsvolle Feststellung.

Daraufhin marschierten wir zum Anschuss, an dem wir Lungenschweiß vorfanden. Das Stimmungsbarometer stieg. Einem Schweißhund alle Ehre machend, arbeitete ich mich auf der Wundfährte bis zu der Röhre vor, die der Jungdachs in seiner Todesflucht angenommen hatte. Zu sehen war allerdings nichts.

In Ermangelung einer Taschenlampe also selbst hinein in die dunkle Behausung. Stück für Stück mich weiter vortastend und rutschend, stieß ich dann auf etwas Warmes, Haariges. Es war mir gerade gelungen, den Dachs am Pürzel zu packen, da fühlte ich einen festen Griff an meinen noch aus der Röhre herausragenden Extremitäten. Herrn B. war beim Anblick des noch außerhalb des Baues befindlichen, nicht gerade unterproportionierten Hinterteiles und der daranhängenden, zuckenden Beine seines Jagdbegleiters doch etwas mulmig geworden und er hatte sich zur ersten Hilfe entschlossen. Leider wurde dieser sicherlich einmalige Anblick durch keine Kamera festgehalten und ist daher der Nachwelt nicht erhalten geblieben. Noch am selben Abend schwartete ich meine erste offizielle Jagdbeute ab – sehr zum Verdruss meiner Eltern, da das gesamte Haus dabei wie ein viel befahrener Dachsbau roch.

Nach dieser ersten Ruhmestat erhielt ich meinen ersten Begehungsschein und damit die Erlaubnis, meinen ersten Bock selbstständig zu erpirschen und, so Sankt Hubertus wollte, auch zu erlegen. Ist dieses Erlebnis es auch nicht wert, hier explizit literarisch festgehalten zu werden, ist es die am Vortag vorangegangene erste Pirsch umso mehr.

Um zu einer kleinen, am Bestandesrand liegenden, viel versprechenden Waldwiese zu gelangen, entschloss ich mich aus einer gewissen Trägheit heraus, die strapaziöse Umgehung zu vermeiden und den direkten Weg über eine Viehweide einzuschlagen. Vorab identifizierte ich mit schnellem – allzu schnellem – Blick durch das Jagdglas den vermeintlichen Viehbestand: Färsen und Pferde. Den Drilling über den Rücken, die rechte Hand lässig über den nach vorn weisenden Lauf gelegt, marschierte ich selbstbewusst über die Weide.

Im Galopp näherten sich die Pferde, um den Neuling zu begrüßen. Für einen aktiven Reiter ist es immer wieder ein wunderbares Schauspiel, Pferde im gestreckten Lauf mit wehender Mähne, aufgerichtetem Schweif und geblähten Nüstern beobachten zu können.

Gemessenen Schrittes, fasziniert auf die Pferde blickend und das weitere Umfeld missachtend, erreichte ich die Mitte der Wiese. Ein abgrundtiefes, aufsteigende Wut signalisierendes Brummen in einer rechts neben mir befindlichen Senke ließ mich aus meinen Träumereien auffahren.

Aus einer Entfernung von vielleicht 50 Metern starrte mich ein Bulle von erheblichen Ausmaßen mit gesenktem Kopf, Grasbüschel und Erde hinter sich werfend, aus bösartig blitzenden Augen an.

Keinen Moment zweifelnd, wer hier der Stärkere und damit der Chef im Ring war, veränderte sich mein gemessener Schritt ansatzlos zu einem extremen Spurt. Doch auch mein Kontrahent verlor keine Zeit mit weiteren Betrachtungen und kam Meter um Meter heran.

Es ist kaum vorstellbar, welche Geschwindigkeit ein derart plump und schwerfällig wirkendes Tier entwickeln kann.

Hier nun lag mein Heil augenscheinlich nicht in der Flucht, denn mit jedem Augenblick näherte sich zwar der rettende Knick, verringerte sich aber auch die Distanz zu dem auf mich zustürmenden Fleischberg.

Da nahte die Rettung in buchstäblich letzter Sekunde. Die Pferde nämlich begriffen die Attacke scheinbar als neues, den tristen Weidealltag unterbrechendes lustiges Gesellschaftsspiel und sprangen nun wiehernd zwischen mir und dem schwarzbunten Prachtvererber herum.

Dadurch reduzierte sich dessen Angriffsgeschwindigkeit zumindest so weit, dass ich den Knick erreichte, kurz bevor der Vater künftiger Milchquoten den laufstarken Jungjäger auf die Hörner nehmen konnte. Der Drilling flog in hohem Bogen in die Büsche, das Fernglas schlug mir beim olympiareifen Sprung in dieselben gegen Nase und Auge. So endete meine erste Pirsch: von Dornen an allen möglichen und unmöglichen Stellen gepeinigt, aus der Nase blutend, mit blauem Auge, mit Schürfwunden übersät und etlichen Kratzern auf dem vormals makellosen Schaft des Drillings.

Für die nächsten Wochen befand sich diese Bullenpirsch auf der Bestsellerliste der dörflichen Gesprächszirkel. Ja, wer den Schaden hat, braucht für den Spott nicht zu sorgen. Am nächsten Tag schoss ich übrigens dann – zwar mit einem leicht zugeschwollenen Auge, aber mit sicherer Hand – meinen ersten Knopfbock.

Und weit ist das Revier

Fast 1000 Hektar mit Acker und Grünflächen, Teichen und Knicks, Hochwald und Dickungen, fast 1000 Hektar mit Schwarz-, Dam- und Rehwild, Dachsen und Füchsen, Hasen und Kaninchen, Fasanen und Enten, fast 1000 Hektar zum Durchstreifen und Durchpirschen mit Büchse und Flinte – fast zu viel für einen jungen und unruhigen Jäger!

An langer Leine, jedoch konsequent geführt von meinem Jagdherrn durchstreifte ich dieses prachtvolle Revier so oft es die damals noch reichlicher zur Verfügung stehende Zeit erlaubte, sehr zur Sorge meiner Eltern, befand ich mich doch eben in der Berufsausbildung.

Diese Besorgnis spürend, wurde ich mir des in mich gesetzten Vertrauens sehr bewusst, und häufig lag neben dem Fernglas das eine oder andere Lehrbuch über Wirtschafts- oder Bankbetriebswirtschaftslehre mit auf dem Hochstand, um die anblickslose Zeit zu überbrücken. Da sage noch einer, die Jagd habe nicht auch pädagogische Qualitäten.

Eine der ersten gern übernommenen Pflichten des Jungjägers bestand in der Ausübung der Fallenjagd, sprich dem Auskundschaften der bevorzugten Marderwechsel, der Auswahl und Vorbereitung der Fangplätze sowie der Bestückung der Fallen mit Eiern. Wurde dann das Ei beständig angenommen, platzierte man ein Abzugseisen.

Dabei wählte ich mit Vorliebe Knicks und Wälle aus, versenkte in diesen eine abgesägte, ausgediente Plastikmülltonne, deckte das Ganze von oben wieder ab und versah den so entstandenen Fangbunker mit einem beidseitigen Durchlass. Für mich faszinierend war immer wieder die Vorsicht und, man muss schon sagen, die Schläue dieser Jäger der Nacht. Denn häufig konnte ich beobachten, wie das »ungesicherte« Ei ungeniert jede Nacht entwendet, ja teilweise genussvoll noch am Ort des Geschehens verspeist wurde. War jedoch das Abzugseisen mit, wie ich dachte, aller Raffinesse fängisch gestellt und der Trapper bereits mit Überlegungen beschäftigt, ob das begehrte Pelztier nun ausgestopft oder gestreift werden sollte, folgte am nächsten Tag regelmäßig eine Enttäuschung. Entweder fand ich das so sorgsam präparierte Ei samt Falle am Morgen jungfräulich und unberührt vor oder der Marder hatte das Eisen rundherum freigelegt, um seinem Verfolger die Klassenunterschiede zwischen Jäger und Gejagtem in aller Deutlichkeit aufzuzeigen. Welche Frustration und welche Schmach! Gleichzeitig musste ich die Herausforderung annehmen.

Ich möchte an dieser Stelle kurz etwas über die oft unterschätzte Gefahr sagen, die von den Fangeisen ausgeht.

Ein Bauer in der Nachbargemeinde klagte über einen Steinmarder, der anscheinend die separat liegende Scheune als Ausgangspunkt für seine nächtlichen Exkursionen benutzte. In der nicht ganz unbegründeten Befürchtung, selbiger könnte auch den Hühnerstall heimsuchen, bat Klaus S. um Hilfe. Da die Scheune abschließbar war und es auf dem Hof keine Kinder oder Katzen gab, verzichtete ich auf eine weiter reichende Abdeckung und stellte das Abzugseisen in einer verborgenen, durch Strohballen kaum einsehbaren Ecke fängisch. Klaus wurde eingeweiht, und mit ruhigem

Gewissen trat ich den Heimweg an. Als ich am nächsten Morgen zur Routinekontrolle erschien, hatte das Schicksal bereits seinen Lauf genommen. Denn Opa Hermann, leider nicht eingeweiht, hatte abends seinen obligatorischen Haus- und Hofrundgang unternommen und sofort mit geschultem Blick das vereinsamte Ei entdeckt. Über die vermaledeiten, ständig weglegenden Hühner schimpfend, umfasste er mit schnellem Griff das Ei und fühlte sich ebenso schnell von den Eisenbügeln erfasst, was heftige Schmerzen im Unterarm zur Folge hatte. Mit schmerzverzerrter Stimme und unter wüsten Flüchen rief er seinen Sohn herbei, der ihn aus der misslichen Situation befreite. Glücklicherweise beschränkten sich die Verletzungen auf eine starke Quetschung. Nicht auszudenken, wenn statt seiner ein Kind den Weg in die Scheune gefunden hätte!

Seitdem gab es kein offen liegendes Eisen mehr. Übrigens war anscheinend auch der Marder von den Vorfällen außerordentlich beeindruckt. Zumindest ließ er sich nicht mehr sehen.

Übrigens fanden alle meine gefangenen Marder mit sauberem Genickfang Eingang ins Schussbuch. Aus meiner Sicht stellt die Jagd mit dem Fangeisen die schmerzloseste Tötungsart dar, wenn sie richtig angewandt wird. Insofern sind praxisbezogene Seminare für Aus- und Weiterbildungszwecke nur zu begrüßen. Auch setzt eine erfolgreiche Fallenbejagung und die Suche nach geeigneten Fangplätzen eine intensive Beschäftigung und Auseinandersetzung mit den Lebensgewohnheiten des Raubwildes voraus. Zudem gibt es kaum eine bessere Möglichkeit, das Revier mit all seinen Eigenheiten kennen zu lernen.

Ein weiteres Mardererlebnis erhob mich endgültig in den Ruf, zu den treffsicheren und abgeklärten Jägern des Dorfes zu zählen.

Schon länger klagte ein Bauer über nächtliche Ruhestörung, da ihn randalierende Steinmarder auf dem Dachboden, direkt über seinem Schlafzimmer, Nacht für Nacht um den Schlaf brachten. Den Einsatz von Fallen lehnte er eingedenk zahlreicher Hauskatzen kategorisch ab. Verstänkerungsmittel waren zu damaliger Zeit noch nicht bekannt, sodass er, durch zahlreiche schlaflose Nächte ziemlich entnervt, zu einem anderen wirkungsvollen Mittel griff. Zwei alte, ausgediente Milchkannen wurden aneinander gebunden und auf dem Dachboden befestigt. Das Verbindungstau führte dann, durch ein eigens dafür gebohrtes Loch, zum Bettpfosten in der Schlafkammer. Als nun das Spektakel oberhalb der Schlafstatt losging, riss er die »Rettungsleine«, was einen ohrenbetäubenden »Glockenschlag« zur Folge hatte. Einer der Steinmarder erlitt allem Anschein nach ein derartiges Gehörtrauma, dass er stante pede den Ort des Grauens zu verlassen trachtete und sich in das Efeugeränk des Hauses stürzte. Genau zur selben Zeit kam die Tochter des Hauses von einer abendlichen Exkursion zurück und entdeckte den Marder. Sofort wurde der nächste Jäger, nämlich ich, zur Hilfe gerufen.

Sowohl das durchaus anziehende Äußere der schönen Nachbarin als auch die Aussicht auf jagdliche Beute ließen mich, mit einem Kleinkaliber bewaffnet, flugs zum Ort des Geschehens eilen. Dort konnte auch ich den erkennbar orientierungslosen Delinquenten im Efeu sitzen sehen. Das Zielen über Kimme und Korn gestaltete sich jedoch aufgrund der Dunkelheit außerordentlich schwierig. Wie bestellt riss jedoch für einen Moment die Wolkendecke auf und gab den Mond frei. Die Waffe glitt an die Wange, Kimme und Korn versenkten sich zwischen den Lichtern des Nachtgespenstes, und noch im Knall landete der Marder zu meiner Überraschung vor meinen Füßen. Dieser Schuss nötigte allen Respekt ab und ließ mein Ansehen als Jäger, wie schon erwähnt, beträchtlich steigen.

Eine weitere Wildart, die wie ich Jagd und Beute suchend das weite Revier durchpirscht, sodass Begegnungen – zumindest aus meiner Sicht auch wünschenswerter Weise – zwangsläufig programmiert sind, ist natürlich der Fuchs. Schon mein Großvater war von diesem Raubwild fasziniert und widmete ihm einen Großteil der Nächte bei Eis und Schnee. Lassen Sie mich daher mit einer kurzen Episode aus »der guten alten Zeit« beginnen.

Großvaters Besitz thronte auf der höchsten Erhebung der Ortschaft, während der größte landwirtschaftliche Betrieb des Ortes, dessen Inhaber gleichzeitig Pächter der Gemeindejagd war, durch eine ungefähr 500 Meter breite Wiese getrennt, genau vor seinen Füßen lag.

Dort inspizierte nun ein Fuchs, wie aus diversen Spuren im Schnee deutlich erkennbar war, allabendlich den Hühnerstall, um mögliche Schwachstellen dieses Bollwerkes zu erspähen und gegebenenfalls daraus Nutzen zu ziehen. Obwohl der Bauer dies mit Skepsis und Sorge betrachtete, zog er dennoch die heimelige Stube dem kalten abendlichen Ansitz vor und bat Opa um Unterstützung. Dieser, vom Fuchsfieber erfasst, ließ sich das nicht zweimal sagen und rüstete sich zwischen seinen Schutzbefohlenen zum nächtlichen Ansitz. Dazu öffnete er ein Fenster des Hühnerstalles und harrte, den eisigen Nordost im Gesicht, der Dinge. Allerdings hatten die Scharniere des Fensters lange Zeit kein Öl mehr gesehen, und so ächzte der Fensterflügel leicht quietschend im kalten Wind. Opa, ärgerlich über dieses wirklich störende Geräusch und in Mutmaßungen über den Standort der nächstgelegenen Ölkanne versunken, erstarrte plötzlich zur Salzsäule. Saß dort nicht auf 80 Meter Entfernung – leider zu weit für die mitgeführte Schrotflinte – ein Rotrock und beäugte gierig das potenzielle Abendessen. Doch sein Instinkt und sicherlich auch das knarrende Fenster mahnten ihn zur Vorsicht und bewogen ihn zum Rückzug, wobei er sich aber mehrmals umwandte.

Opa setzte alles auf eine Karte und griff sich ein Huhn, das, den Suppentopf vor Augen, ein Mordsgeschrei ausstieß. Dieses Angstgezeter ließ den Fuchs nicht unberührt, und er schnürte, abrupt die Richtung wechselnd, wieder in Richtung Hühnerstall. Doch, obwohl die gierigen Seher und der Geifer, der in den Schnee tropfte, keinen Zweifel an seinem Wunsch ließen, war er nicht zu bewegen, sich auf Schrotschussentfernung zu nähern.

Opa, mittlerweile schwer vom Jagdfieber gepackt, warf daraufhin mit kühnem Schwung den krakeelenden Eierproduzenten aus dem Fenster, der flatternd und gackernd nach unten entschwand. Dies lockte nun den Fuchs vollends aus der Reserve, er stürzte sich auf die vermeintliche Beute und sank im gleichen Augenblick mit zuckender Rute in den Schnee. Da sich zu diesem Zeitpunkt im Bauernhaus nichts mehr regte, trug Opa den erbeuteten Rotrock, einen imposanten Rüden im dichtesten Winterpelz, stolz nach Haus.

Am nächsten Morgen erstattete er dem Bauern Bericht, wobei die Gratulation äußerst spärlich ausfiel und sich sofort die Frage anschloss: »Und wo ist die Henne?«

Die hatte Opa in der Aufregung ganz vergessen. Eine Besichtigung der Örtlichkeiten bei Tageslicht ergab, dass ein ehemaliger Brunnenschacht nicht abgedeckt direkt unterhalb des Fensters lag. Die Vermutung lag also nahe, dass das Huhn nach dem Hinauswurf direkt in die Kelleretage gefallen war, was einige Federn am Grunde des Schachtes auch zu bestätigen schienen. Das Huhn blieb jedoch verschwunden, ein unausgesprochener Vorwurf stand im Raum. Eine weitere Einladung zur abendlichen Fuchsjagd erfolgte nicht.

Die sprichwörtliche Vorsicht des Fuchses, verbunden mit einer enormen Reaktionsschnelligkeit, hat auch mich in unzähligen nächtlichen Ansitzen immer wieder fasziniert. Das leiseste metallische Geräusch, ein kaum hörbares Kratzen der Jacke, und in Bruchteilen von Sekunden ist nur noch die hochgestellte, sich schnell entfernende Lunte erkennbar. Derartige Erlebnisse zieren sicherlich so manches jagdliche Tagebuch, sodass ich an dieser Stelle von zwei ganz anderen Erfahrungen berichten möchte, nämlich der Begegnung mit schlafenden Füchsen.

Am Morgen des 10. Oktober 1985 befand ich mich, eher wandernd als pirschend, auf einem ca. 10 Hektar großen Schlag, auf dem die Rapssaat eben aufgelaufen war, und spürte auf Sauen. Das Feld wies von der Bodenbeschaffenheit leichte, flach auslaufende Hügel auf, und ich befand mich etwa 30 Meter vom nächsten Knick entfernt. Die wärmende Morgensonne im Gesicht und der schwere Lehmboden unter den Füßen ließen meine Schritte immer schwerer werden. Als ich eben einen Hügel überquerte und den Hut vom Kopf nahm, um die Schweißperlen vom Gesicht zu wischen, fing mein Blick eine Art roten, runden Stein auf, der etwa 10 Meter von mir entfernt auf dem Boden lag. Die Augen weiteten sich, der Mund klappte vor Verwunderung auf, als das Gehirn statt des Steins einen Fuchs meldete. Zusammengerollt, mit geschlossenen Lichtern, die Lunte um den Körper gewickelt, lag dort im hellen Sonnenschein tief schlafend ein Rotrock, als gäbe es keine Jäger auf dieser Welt.

Während ich diesen idyllischen Anblick in mich aufnahm, schlich ich Schritt für Schritt, fast über den Lehm schwebend, zurück, da mir die Entfernung für einen Schrotschuss zu gering vorkam. Dabei glitt der Drilling im Zeitlupentempo von der Schulter. All dies beeindruckte den Fuchs, der allem Anschein nach weltentrückt in anderen Sphären weilte, keineswegs. In dem Moment jedoch, in dem der Drilling an der Wange lag und ich leise die Sicherung löste, vernahm er – scheinbar aus der Tiefe seines Unterbewusstseins – dieses metallische Geräusch. Die Lichter öffneten sich, weiteten sich in jähem Entsetzen. Für die Flucht blieb ihm keine Zeit.

Jahre später im Altholzbestand. Dort lag ein großer, bereits im vorherigen Kapitel beschriebener Mutterbau derer von Grimbart und Malepartus. Ungefähr 30 Meter davon entfernt befand sich eine einfache Leiter, von der man sowohl den Bau als auch das umliegende, vorwiegend mit Buche bestockte Altholz einsehen konnte.

Mein Streben an diesem klaren, kalten Wintermorgen mit leichter Schneedecke galt jedoch nicht den pelzigen Räubern. Nahe am Bau führte ein sowohl von Reh- als auch Damwild lebhaft frequentierter Wechsel vorbei.

Da der Abschussplan für beide Wildarten noch starke Lücken aufwies, fand mich dieser Wintermorgen trotz eisiger Kälte voller Tatendrang. Wie ein roter Feuerball erschien die Morgensonne und schickte erste wärmende Strahlen auf den vor mir liegenden Bau. Eine winzige Bewegung, mehr aus dem Augenwinkel wahrgenommen, ließ meinen Blick an einem der zahlreichen Löcher verharren. Tatsächlich! Schoben sich doch zwei rötliche Gehörspitzen, an den Enden schwarz auslaufend, aus dem Schnee.

Erste zögerliche Vogelstimmen ließen sich vernehmen, als sich ein spitzbübischer Kopf, mit Gehör und Sehern die Umgebung prüfend, aus dem Bau schob. Ich wagte kaum zu atmen, geschweige denn mich zu bewegen, fühlte ich mich doch auf meiner Leiter bei bestem Licht und damit guter Sicht wie auf dem Präsentierteller. Doch schien ich für den starken Fuchsrüden Luft zu sein. Denn mit aller Ruhe dieser Welt reckte und streckte er sich genüsslich, ein herzhaftes Gähnen folgte. Der Herr dieses Baus schnürte einige Meter von der Ausfuhrt weg, verhoffte auf einer kleineren Erhebung, die von der Morgensonne beschienen wurde und, kaum zu glauben, begab sich erneut zur Ruhe.

Eingerollt, den Fang in der buschigen Lunte verborgen, schloss er die Seher. Ein Bild des Friedens. Heute würde ich es sicherlich nicht mehr übers Herz bringen, in einer solchen Situation finstere Mordpläne zu hegen. Damals jedoch fühlte ich mich in meiner Ehre als

Fuchsjäger herausgefordert. Im Zeitlupentempo hob ich den Drilling und stellte den Schieber auf Schrot um. Im selben Moment stand der Fuchs auf den Läufen und sicherte misstrauisch. Doch die Chance zur Flucht hatte er damit bereits verspielt, und der Knall des Schrotschusses zerriss die morgendliche Idylle. Der Fuchs sank in den Schnee zurück und zuckte nur noch ein wenig mit der Lunte. Mit neun Kilogramm blieb er bis heute mein schwerster Fuchs.

Die Wildgänse kommen

Welchen Jäger fasziniert diese Wildart nicht? Schon häufig bewunderte ich mit sehnsuchtsvollem Blick die pfeilförmigen Formationen am Himmel, die vor allem im Frühjahr und Herbst mit heiseren, durchdringenden Schreien, unterbrochen vom aufgeregten Geschnatter, in großen Höhen unser Revier überqueren. Da jedoch der Geestrücken Schleswig-Holsteins und insbesondere unser Revier keine größeren Wasserflächen aufweist, befand sich dieses scharfäugige Wildgeflügel immer nur auf der Durchreise. Aberhunderte von Gänsen, wie ich sie später in Mecklenburg-Vorpommern auf den riesigen Schlägen beobachten konnte, wie sie Äsung aufnahmen und für den nächsten großen Flug rüsteten, gab es bei uns leider nicht. So waren die Graugänse für mich stets unerreichbar. So schien es zumindest, bis zum November 1988.

Trotz leichtem Regen und kaltem, stürmischem Wind, für uns Schleswig-Holsteiner durchaus nichts

Außergewöhnliches, pirschte ich an diesem Vormittag durch das Revier. Mit dem Fernglas suchte ich die umliegenden Felder nach Rehen ab, die sich bei diesem Wetter bevorzugt an den windabgewandten Seiten der Knicks aufhielten. Dann fiel mein Blick auf ein Rapsfeld. Unfassbar! Drei Graugänse, wahre Prachtexemplare, befanden sich etwa 30 Meter vom nächsten Knick entfernt und äugten aufgeregt und unruhig in die Umgebung. Ich konnte nicht der Grund sein, war ich doch noch zu weit von der verlockenden Beute entfernt.

Ein Kriegsplan war schnell erdacht: an der anderen Seite des Knicks heranpirschen und auf Schrotschussnähe herankommen. Gut gedacht, aber wie hieß es in der Jagdausbildung? »Gänse haben auf jeder Feder ein Auge!«

Doch wer nicht wagt, der nicht gewinnt. Den Drilling in der »Vorhalte«, kroch und robbte ich auf allen vieren an das begehrte Wild heran. Zwischendurch einmal die Lage zu peilen, traute ich mich nicht. Zu groß war die Gefahr des Entdecktwerdens, und damit wäre die vielleicht einmalige Chance vertan gewesen. Also weiter durch Matsch und Schlamm. Karl May hätte mir sicherlich einige exklusive Seiten in seinen Winnetou-Romanen gewidmet, hätte er mich in Aktion beobachten können.

Als ich mich dann auf der Höhe der Gänse wähnte, schob ich den Kopf in Zeitlupentempo an einer lückigen Stelle des Knicks empor. Ja, da waren sie und äugten mich bereits misstrauisch an. Den Drilling an die Schulter gerissen und raus waren die Vier-Millimeter-Schrote. Eine Gans lag, während die beiden anderen schleunigst das Weite suchten.

Mit einem ungeheuren Glücksgefühl setzte ich über den Knick und eilte zu meiner Beute, die unverkennbar einen Ring am Ständer auswies. Erste Zweifel, noch unausgesprochen und kaum prüfbar, stiegen in der Jägerseele empor, wurden jedoch über die Freude der sicherlich ersten in diesem Revier gestreckten Graugans unterdrückt.

Mit stolzgeschwellter Brust fuhr ich zum Jagdherrn, um die Beute zu präsentieren und das Abenteuer zu schildern. Das Gesicht meines Gönners verzog sich immer mehr zu einem Schmunzeln, während meines immer mehr einem Fragezeichen ähnelte.

»So schwere Wildgänse habe ich ja noch nie gesehen«, sagte er lachend. »Im Nachbardorf hat ein Bauer übrigens wildfarbene Hausgänse. Die sind ihm vorgestern weggeflogen. Na ja, eine haben wir ja wieder.«

Mir schoss die Schamesröte ins Gesicht, und noch nach Wochen geisterte das Wort vom »Gänse-Mörder« durch die dörflichen Haushalte. Mit Ruhm hatte ich mich wahrhaftig nicht bekleckert.

Sicherheit geht vor!

Das sollte man zumindest meinen, werden einem doch vom ersten Tag der Jagdausbildung so wohlgemeinte Sätze wie »Jeder ist für seinen Schuss verantwortlich« oder »Achtet auf den Kugelfang« oder »Erst hundertprozentig ansprechen, dann schießen« wie der kleine Katechismus eingebläut. Und das sicherlich zu Recht, wenn man sich die ständig wiederkehrenden Berichte über Jagdunfälle vor Augen führt. Und doch sind auch Jäger nur Menschen mit menschlichen Schwächen, seelischen Schwankungen, mal ruhig und mal nervös. Daraus ergibt sich zwangsläufig ein großes Spektrum an möglichen Fehlerquellen. Von einigen möchte ich hier berichten, die alle das Prädikat »Nicht zur Nachahmung empfohlen« tragen. Vielleicht helfen sie auch an anderer Stelle, Schlimmeres zu verhüten.

Beginnen wir mit einer Treibjagdepisode. Hier wird die Forderung der Jagdherren, die Flinte beim Überwinden von Hindernissen wie Gräben, Knicks oder Koppeleinfriedungen grundsätzlich zu brechen, von einigen bewaffneten Zeitgenossen eher belächelt.

Während so einer Treibjagd setzte ich mit einem großen Sprung über einen Graben hinweg und landete vorläufig wohlbehalten auf der anderen Seite. Mein vorheriger Standnachbar wählte denselben Absprungspunkt unmittelbar nach mir. Dabei hielt er jedoch sein Bockdoppelgewehr fest in beiden Händen, um auch ja keine Schussgelegenheit zu verpassen. Durch seine Ambitionen vom Überwinden des Grabens abgelenkt, rutschte er aus und landete unsanft und durchnässt im Graben, während im selben Moment eine Schrotgarbe aus seiner Waffe hinter mir in die Grabenkante einschlug und eine wahre Fontäne aus Matsch und Wasser hochschleuderte. Ich gebe zu, auch ich war kurz vorm Durchnässen, aber aus ganz anderen Gründen. Die gestammelte Entschuldigung nahm ich kaum wahr. Dieser Vorfall hat mir meine Unbekümmertheit auf diesen geselligen Jagdtagen für immer genommen.

Ein anderes Ereignis betraf einen befreundeten Jäger bzw. dessen nagelneuen Mercedes. Neben dieser Investition hatte er auch einen neuen Drilling erworben. Was lag also näher, als diese beiden Wunderwerke neuester Technik zunft- und stilgerecht während einer Pirschfahrt durch die Feldmark an einem sonnigen Sommertag einzuweihen. Die Blattzeit war in vollem Gange, und damit standen die Chancen, einen jagdbaren Bock vor das neue Zielfernrohr zu bekommen, gar nicht so schlecht. So gab auch gleich die erste Wegbiegung den Blick auf eine kleine Wiese und einen treibenden Bock mit einem ausgeprägten Korkenziehergehörn frei. Schon war die neue Waffe vom Rücksitz geangelt; raus aus dem Wagen, ein schneller Schuss, angelegt über das Autodach.

Während der Bock augenscheinlich unbeeindruckt sein galantes Abenteuer fortsetzte, klang der erhoffte Kugelschlag eher metallisch. Da der Schütze die leichte Wölbung des Autodaches nicht in die ballistischen Berechnungen einbezogen hatte, hatte der Schuss aus dem unten liegenden Kugellauf des Drillings zwei Löcher in dasselbe gestanzt, wobei der Ausschuss, wie beim Wild auch, eine erheblich größere »Belüftungsöffnung« in die Luxuslimousine gerissen hatte.

Die abendliche Beichte am heimischen Herd soll recht turbulent ausgefallen sein. Andererseits, wer erlegt schon einen Daimler?

Ein weiterer Fall eines übereilten Schusses ereignete sich während des letzten Krieges auf einem in exponierter, erhöhter Lage gelegenen Einzelhof. Der damalige Eigentümer klagte über einen Habicht, der ihm mit schöner Regelmäßigkeit ein Huhn nach dem anderen schlug. Dass ihm dieser Aderlass in diesen Notzeiten nicht gerade Jubelrufe entlocken konnte, ist, so glaube ich, durchaus nachvollziehbar. So saß er denn während der beliebtesten Raubzeit des Hühnerdiebes, um Mittag, auf den Geflügelmörder an, die kleinkalibrige Büchse in der Hand. Dieser, vom Erfolg seiner vergangenen Raubzüge verwöhnt, schwebte heran, ohne auf Deckung zu achten, und pflockte auf einem Zaunpfahl auf, der sich zwischen dem Schützen und dem Dorf befand. Ohne sich lange zu besinnen, beschoss der verärgerte Hühnerbesitzer den gebänderten Vogel. Das Resultat bestand in einem eiligst das Weite suchenden Habicht sowie dem sirrenden Klang einer abgelenkten Kugel. Diese hatte allem Anschein nach ausgerechnet einen Nagel gestreift und flog, abgelenkt von diesem Eisenteil, ungebremst und pfeifend auf das Dorf zu. Hier durchschlug es die Fensterscheiben eines Schlafzimmers, in dem sich die Bewohner gerade zur verdienten Mittagsruhe begeben wollten. Das Projektil steckte, wie der herbeigerufene Dorfpolizist bestätigte, im Kopfende des Bettes – eine »Fast-Tragödie« mit glücklichem Ausgang.

Glücklicherweise bemühte man zu dieser Zeit nicht die Staatsanwaltschaft mit langwierigen Ermittlungen, sondern legte den Fall durch die großzügige Verteilung von Schweinehälften gütlich bei.

Obwohl mir dieser Vorfall in frühester Jugend erzählt wurde, musste ich selbst ein ähnliches, wenn auch nicht so dramatisches Ereignis erleben, um die Notwendigkeit einer Prüfung des Kugelfangs dauerhaft zu verinnerlichen. Mein jägerisches Sinnen und Trachten galt einer uralten Ricke, die schon seit einigen Jahren kein Kitz mehr führte. Diese hatte sich einen Knick auf einer Hügelkuppe als Einstand ausgesucht. Rundherum schlossen sich Ackerflächen an, die nicht die geringste Deckung boten. Während auf der einen Seite das Gelände zum Knick hin anstieg, lief es auf der anderen in einer etwa 500 Meter breiten Senke aus, um dann wieder anzusteigen, sodass das dort liegende Dorf ungefähr auf Höhe des Knicks lag. Somit fand sich auch hier beim besten Willen kein Kugelfang. Dass der Ricke anscheinend die günstige strategische Lage ihres Einstandes durchaus bewusst war, bewiesen ihre Abneigung, diesen zu verlassen, sowie ihr biblisches Alter.

Diese Urgroßmutter zu erlegen, hatte ich mir nun auf die Fahnen geschrieben. Doch wie anfangen? Sowohl beim Anmarsch zum Ansitz als auch beim Pirschen war ich unzählige Male vorzeitig entdeckt worden, was meine Kontrahentin, denn zu der war sie mittlerweile geworden, zu sofortiger Flucht wie auch zu schnödem Schmälen nutzte. Jedes Mal ein – zumindest für mich – entwürdigendes Schauspiel.

Eines Tages im Herbst 1989 zog dann dichter Nebel auf, der die Sicht auf weniger als 30 Meter beschränkte. Also Hut und Mantel vom Haken, den Drilling über die Schulter, und los ging es. Vorsichtig pirschend, die Gummisohlen der Stiefel im Zeitlupentempo aufsetzend, das Gewehr im Halbanschlag, näherte ich mich dem bewussten Knick. Plötzlich drückte der aufkommende Wind die Nebelwand auseinander, und wie von Geisterhand gezaubert, stand die Ricke vielleicht 70 Meter vor mir und äugte mich an. Der Rest war Reflex. Schon im Schuss wusste ich, dass ich verrissen hatte. Ebenso blitzartig wurde mir klar, dass ich durch den Knick Richtung Dorf geschossen hatte. Glücklicherweise spielten sich mögliche Horrorszenarien nur in meinem Kopf ab, etwaige Unfallmeldungen blieben aus. Über den Angstschweiß und die zahllosen schlaflosen Nächte möchte ich lieber schweigen.

Seitdem gehört die Prüfung des Kugelfangs zum Standardprogramm.

Viel zu lesen gibt es auch über eingestochene und entsicherte Waffen – ein Leichtsinn, den ich immer nur mit überlegenem Kopfschütteln kommentieren konnte – bis mir selbst Folgendes widerfuhr:

Die Herbstzeit war bereits angebrochen und somit die Zeit der Ricken- und Kitzbejagung. Während viele Jäger diese Hege mit der Büchse eher mit einem gewissen Widerwillen betreiben, bereitete mir die Begegnung mit den »Gehörnlosen« immer sehr viel Freude, ist doch das jagdliche Erleben durch eine schwierige Pirsch, schweißtreibendes Heranrobben oder einen kompliziert anzutragenden Schuss nicht minder spannend und einprägsam als die Jagd auf einen Bock. Als Ersatz für die erinnerungsträchtige und das Gedächtnis auffrischende Trophäe fungiert dann das Jagdtagebuch.

Schon seit längerem war mir eine alte, sehr alte Ricke aufgefallen, die ein außerordentlich schwaches Rickenkitz führte. Das Haar wirkte struppig, die Seiten eingefallen. Beide zu erjagen war eine echte waidmännische Herausforderung.

Die Ricke trat regelmäßig bei letztem Büchsenlicht aus einem nachbarlichen Wald aus und führte ihren Nachwuchs zielstrebig und ohne zu verhoffen in die Mitte eines großen Rapsschlages. Die einzige Chance bestand darin, den an den Wald grenzenden Knick als Deckung zu nutzen und die beiden damit auf halbem Weg abzupassen.

Bereits frühzeitig schob ich mich in den dornigen, dafür aber hervorragende Deckung bietenden Verhau ein. Kalter, böiger Wind trieb die dunklen Wolkenbänder über mich hinweg und mir den andauernden Nieselregen stetig ins Gesicht.

Der beständig steigende Durchfeuchtungsgrad sowie die Dornen, die an allen möglichen bzw. unmöglichen Stellen durch die kaum Schutz bietende Kleidung drangen, ließen die jagdlichen Ambitionen immer mehr abklingen. Immer häufiger schweiften die Augen sehnsuchtsvoll Richtung Auto.

Doch dann eine Bewegung an der Waldkante. Da stand sie unter den sich langsam verfärbenden, jedoch immer noch Schatten werfenden Randbäumen und sicherte lange auf den großen Rapsschlag hinaus. Die Hände umfassten den Drilling, als ein Ruck durch den Wildkörper ging und beide in flottem Trott dem ersehnten Äsungsplatz zustrebten. Längst war der Schaft der Waffe tief in die Schulter versenkt, die Sicherung gelöst, der Stecher betätigt, als Ricke und Kitz auf etwa 60 Meter, sich gegenseitig deckend, an mir vorbeizogen. Langsam stieg das Jagdfieber in mir auf, und die aus den Poren dringenden Schweißtropfen vereinigten sich glücklich mit der von außen nachdringenden Feuchtigkeit. Der krampfende Atem ließ zu allem Überfluss auch noch das Zielfernrohr beschlagen. Das daraus zwangsläufig resultierende Absetzen der Waffe und die Reinigung der Optik blieb so einer geriebenen und erfahrenen Ricke natürlich nicht verborgen. Während diese abrupt verhoffte, zog das schwache Rickenkitz noch zwei Schritt weiter, um dann ebenfalls den wackelnden Dornbusch kritisch zu beäugen.

Der Schuss mit der 7 x 65 R ließ das Kitz schlagartig im fast kniehohen Raps verschwinden. Fieberhaft versuchte ich indessen, den neu aufmunitionierten Drilling wieder in Stellung zu bringen. Die rasch einbrechende Dunkelheit dieses ohnehin farblosen Tages und die panikartige Flucht der Ricke ließen dem damals Unerfahrenen trotz aller Bemühungen keine Chance zu dieser möglichen Dublette.

Verärgert kraxelte ich aus dem Dornengestrüpp, um zumindest den einen Teil der erwählten Beute in Besitz zu nehmen. Bei all der Hektik und Rasanz der sich überstürzenden Ereignisse hatte ich mir natürlich den Anschuss nicht gemerkt und stapfte nun blindlings mit aufsteigendem Ärger querbeet. An den geschulterten Drilling in seiner nicht zu steigernden Feuerbereitschaft, nämlich entsichert und gestochen, dachte ich in diesem Augenblick kaum, genauer gesagt gar nicht.

Nachdem nun auch der bereits sicher geglaubte Teil der Beute sich der Inbesitznahme entzogen hatte, blieb mir nur, den strategischen Rückzug zum Auto anzutreten, um, durch Vater und Mutter verstärkt, die Suche nochmals aufzunehmen. Den Drilling verstaute ich wie immer, diesmal jedoch sicherlich nicht so liebevoll wie sonst, auf dem Rücksitz, wobei ich immer noch die Tatsache außer Acht ließ, dass dieser genauso spannungsgeladen war wie ich.

Zu Hause angekommen, zog ich dann – noch heute krampft sich mir beim Gedanken daran der Magen zusammen –, um keine unnütze Zeit durch das Herumlaufen um das Auto zu verlieren, die Waffe mit dem Lauf auf mich gerichtet heraus und betrat das Haus.

Erst beim Aufhängen des Dreilaufs fiel mir dann die

Position des Sicherungsschiebers auf. Über die Anzahl der folgenden Stoßgebete und die Danksagungen an alle beteiligten Schutzengel wage ich keine genauen Angaben mehr zu machen. Ein auch nur annähernd vergleichbarer Leichtsinn ist mir in den letzten 20 Jahren dann auch nicht mehr unterlaufen.

Geschichten um den Rehbock

Das Rehwild ist das häufigste Schalenwild in unseren Breiten. Kein Wunder also, dass dieses elegante und graziöse Wild einen großen Raum im Erlebnisspektrum der Jäger einnimmt. Dabei ist doch allein die lateinische Bezeichnung »Capreolus capreolus« viel sagend. So hat auch mir die Jagd auf das scheue Reh, gleichgültig ob Bock, Ricke oder Kitz, so manche Kapriole beschert.

An dieser Stelle fällt mir dabei eine Passage aus einem meiner jagdlichen Lehrbücher ein, die die heimliche Lebensweise unserer »Kapriolen« auf den Punkt bringt.

Danach zählt das Reh als typischer Waldrandbewohner zu den »Schlüpfern«.

So konnte auch ich einige Male fasziniert beobachten, wie Rehe, anstatt zu flüchten, sich, ganz auf ihre Deckung vertrauend, wie ein Hund in Downlage, flach auf die Erde drückten. Das »Entschlüpfen« folgte dann klammheimlich ein wenig später.

Doch genug der grauen Theorie und hinein in die Welt unserer Trughirsche.

Ein alter Spießer

Es war der Sommer des Jahres 1986. Ich hatte mit dem Abschuss zweier schwacher Jährlinge mein von den Jagdpächtern bewilligtes Abschusskontingent bereits erfüllt. Daher konnte ich mich voll und ganz meinem dem Welpenalter noch nicht ganz entwachsenen Kleinen Münsterländerrüden »Keck von der Rethwisch« widmen und streifte mit ihm durch Feld und Flur.

Die Erwähnung meines ersten vierläufigen Jagdbegleiters an dieser Stelle hat übrigens ihren Grund, spielt er doch in dem folgenden Geschehen eine nicht unerhebliche Rolle.

An diesem heißen Julitag durchstöberten wir nun, anfangs noch voller Elan, das weitläufige Revier. Die Sonne kletterte Stunde um Stunde höher am blauen, wolkenlosen Himmel empor, kein Windhauch – für schleswig-holsteinische Verhältnisse wahrhaftig selten – kühlte auch nur für einen Moment die heiße Stirn. Im gleichen Tempo, in dem sich die Sonne dem Zenit näherte, verlangsamte sich auch das Tempo der gemeinsamen Pirsch. Der Gewehrriemen drückte immer schwerer auf die nur mit einem dünnen Hemd bedeckte Schulter, und der anfangs noch straff in der Halsung liegende, vorwärts strebende Hund trottelte müde und hechelnd neben seinem schwitzenden Herrn her. Wir erreichten eine lang gestreckte, von einem hohen Knick umgebene Wiese, auf der einige rotbunte Färsen, in der schattigsten Ecke wohlig dösend und wiederkäuend, die heißesten Stunden des Tages verbrachten. Was lag näher, als sich diesem idyllischen Stillleben anzuschließen und ebenfalls eine kurze Mittagsrast einzulegen. So gesellten wir uns uneingeladen, jedoch auch in gebührendem Abstand, hinzu.

Da Jungrinder sehr häufig mit unverhohlener Neugier oder gar mit heftigen Attacken auf Hunde reagieren, behielt ich anfangs die kleine Herde misstrauisch im Auge, doch die Mittagshitze ließ nicht den geringsten Bewegungsdrang aufkommen.

Da dieser Teil der Wiese stark vermoort war, gönnte sich mein Hund erst einmal ein kühlendes Schlammbad und wälzte sich wohlig knurrend in der schwarzen Brühe. Seine wedelnde Rute und der genussvolle Blick aus seinen großen braunen Augen schienen mir wie eine Aufforderung, es ihm gleichzutun. Darauf verzichtete ich dann doch und begnügte mich mit einem Schluck lauwarmem Wasser aus der mitgeführten Flasche und einem schattigen Plätzchen im Knick. Nach der medizinischen Moorpackung und ausgiebigem Schütteln gesellte sich Kecki zu mir, rollte sich ein und verfiel in den Schlaf des Gerechten. Kein Vogel rührte sich. Nur das Gesumme und Gebrumme zahlloser Insekten, die Magengeräusche der Rinder sowie die schlagenden Kuhschwänze unterbrachen die Stille.

Die eine oder andere vorwitzige Mücke versuchte zwar, sich ihren Anteil heißen Jägerblutes zu ergattern, aber ein Schlag mit der Hand beendete jäh derartige Attacken.

Immer tiefer sank der Kopf auf die Brust, immer kleiner und weltverlorener blickten die Augen auf das hohe Blau des Himmels und das satte Grün der Wiese. Gedankenverlorene Zufriedenheit, in die Seele strahlende Stille. Glücklich ist, wem solche Stunden der inneren Einkehr und Ruhe dann und wann vergönnt sind.

Der verträumte Blick schweifte über die vor mir liegende Wiese, da weitete jähes Erkennen die Pupillen. Schlagartiges Erwachen und sekundenschnelle Meldung an das jagdlich vorgeprägte Gehirn waren die Folge.

Da zog ein Bock mit tiefem Windfang 50 Meter entfernt von mir quer über die Wiese, ohne von seinem näheren Umfeld Notiz zu nehmen. Deutlich erkannte ich den starken Träger, und hier konnte man wahrlich von einem Träger sprechen – das eisgraue Gesicht und die handbreit über die Lauscher ragenden, stark geperlten Spieße. Der Schuss wäre ein Kinderspiel gewesen, doch es blieb bei intensiven Zielübungen, denn mein Abschusskontingent war, wie erwähnt, bereits erfüllt.

Indessen zog dieser starke Altbock, meine finsteren Mordgedanken ignorierend, auf den 300 Meter entfernten Wald zu und verschwand in den Randbüschen.

Mein Hund indessen zeigte sich von diesen Vorkommnissen völlig unbeeindruckt, denn er hatte das ganze Geschehen verschlafen. Mir ist heute noch rätselhaft, dass sich meine Spannung nicht auf ihn übertragen hat, denn ich stand ja nun wirklich unter Strom. Doch, wie bereits angedeutet, seine große Stunde sollte noch kommen.

Abends erstattete ich meinem Jagdherrn ausführlich Bericht, und das Ungeheuerliche geschah: Ich bekam den Bock frei.

Morgen für Morgen und Abend für Abend saß ich an der Wiese oder am Waldrand an. Den einen Tag schlug der Wind um, und ich sah den Bock, vielmehr dessen Spiegel, in hohen Fluchten dem Wald zustreben, ein anderes Mal zog er außerhalb der Reichweite meiner

Büchse zu Feld. Oder aber er wechselte am frühen Morgen bereits vor Büchsenlicht wieder in den Bestand.

Dann war er ganz verschwunden. Ob ihn meine ständigen Nachstellungen vergrämt hatten oder aber die Blattzeit ihn einen anderen Wechsel hatte annehmen lassen – ich weiß es nicht. Jedoch war ich froh, mein beträchtliches Schlafdefizit wieder auf ein für meine Umwelt verträgliches Maß reduzieren zu können.

Am Ende des Monats unternahm ich an einem Vormittag wieder einmal eine meiner ausgedehnten Exkursionen mit meinem Keck. Ein stürmischer Wind trieb kleine weiße Wolken über den Himmel, und ich suchte den mit Buchen und Eichen bewachsenen Hochwald auf, um mich an dem Rauschen der mächtigen Kronen zu erfreuen. Das Trainingsziel des Vormittags bestand in Gehorsamsübungen wie »Fuß«, »Platz« und »Down«, sodass der Hund angeleint neben mir lief, während der andere Teil des Riemens vorschriftsmäßig quer um den Oberkörper geschlungen war. Da ich in der Brusttasche der Jacke die Rehfiepe fand, nutzte ich diesen Umstand, dem Gerät den einen oder anderen Laut zu entlocken – vom Blatten mag ich hier beim besten Willen nicht sprechen – und mich amüsiert am Verhalten des zukünftigen VGP-Geprüften zu erfreuen. Diese Reaktionen führten wiederum zu disziplinarischen Ermahnungen meinerseits, sodass die Lautstärke entsprechende Dezibel erreichte. Ich gebe gern zu, dass dieser Vormittag, pädagogisch betrachtet, nicht unbedingt das Prädikat »besonders wertvoll« verdient.

Doch es zeigt, mit welcher Unbekümmertheit wir beiden Experten uns durch den Wald bewegten. Über einen Holzabfuhrweg drangen wir immer weiter in den Bestand vor, da leuchtete es rot aus einer kleinen Senke, nicht mehr als 15 Meter von mir entfernt: ein Bock, der Bock, weltentrückt den Windfang unter den Körper gezogen. Während der Drilling von der Schulter in den Anschlag glitt, bekam der Hund Wind. Das aufgeregte Winseln ließ den Bock schlagartig auf die Läufe kommen und ihn im Schuss genauso schlagartig wieder zusammenbrechen. Doch auch Kecki fühlte sich durch die Ereignisse veranlasst, nun selbst aktiv ins Geschehen einzugreifen, und preschte mit einem gewaltigen Satz vor. Dies wiederum bewies zwar seine Schussfestigkeit, brachte aber die Standfestigkeit seines Herrn und Meisters mehr als ins Wanken, sodass dieser ebenso schlagartig wie der Bock auf der feuchten Walderde zu liegen kam.

Glücklicherweise war der Bock jedoch erkennbar härter getroffen und im Schuss verendet. So schön kann Jagen sein!

Freiherr von Cramer-Klett sprach in seinem von mir sehr geschätzten und mehr als einmal gelesenen Buch »Glückselige Einsamkeit« von der Wand der Lieblinge. Nun, an meiner Wand nimmt dieser mindestens zehnjährige Bock ebenfalls einen Ehrenplatz ein.

Noch ein alter Spießer

Nein, das ist keine Fortsetzung des bereits Erlebten und soeben Erzählten. Keine wundersame Wiederauferstehung des lange Ersehnten und dann durch Dianas Gunst so unvermittelt mir in den Schoß oder besser in den Rucksack Gefallenen. Aber es geht hier eben auch um einen alten »Spießer«, einen geriebenen alten Herrn.

Doch ich will die Geschichte von Anfang an erzählen: Der Herbst des Jahres 1987 hatte begonnen. Die Felder, abgeerntet, zum großen Teil bereits umgepflügt oder gar neu bestellt, wirkten öd und leer. Das Maishäckseln war bereits in vollem Gange, die Jäger konzentrierten sich auf das Abspüren und Abfährten der verbliebenen Schläge, denn für Fuchs, Damwild und Schwarzwild stellt dieser optimale Deckung bietende Blätterwald einen geradezu idealen Einstand dar.

Damit rückte aber auch der noch verbliebene Abschuss an Rehböcken stark in den Hintergrund und bot damit ein aktives Betätigungsfeld für den Jungjäger, der sich der Erfüllung des Abschussplanes in Sachen Böcke widmen durfte.

Lassen Sie mich an dieser Stelle ein kleines Drückjagderlebnis einflechten, das sich vorzüglich in die herbstliche Stimmung dieser Zeilen einfügt.

Auftragsgemäß fährtete ich am frühen Morgen ein ca. vier Hektar großes Maisfeld ab. Die Sonne sandte erste zaghafte Strahlen, ein leiser Wind ließ die unzähligen mit Raureif benetzten Spinnengewebe zart erbeben. Es war, als wollte die Natur noch einmal innehalten, rückblickend auf den vergangenen Sommer sich auf den bevorstehenden Winter vorbereiten.

Diese Stimmung in mich aufnehmend, marschierte ich also wacker auf der das Maisfeld umgebenden schwarzen Ackerkrume der angrenzenden Felder. Da fährtete sich eine Rotte Sauen in das grüne Stängelgewirr, jedoch nicht mehr hinaus. Deutlich zeichneten sich die nagelfrischen Fährtenbilder auf dem Pflugland ab. Die Rotte steckte.

Nach meiner Meldung lief generalstabsmäßig die weitere »Schlachtenplanung« ab. Während die Waffen tragenden Schützen des Dorfes sich rund um den Maisschlag an strategisch günstig erscheinenden Positionen verteilten, versammelte sich die Treiberwehr, mit Stöcken und Knüppeln bewaffnet, an der Stirnseite des Feldes, um nach dem Hornsignal in die feindlich besetzte Zone einzudringen. Schwankende Maisstängel, Rascheln und freudig-entsetzte Rufe aus dem grünen Dschungel wie »Hier sind sie!« oder »Sauen nach vorn!« ließen die Nerven vibrieren.

Dann ein wilder Schrei, in den höchsten Tönen und damit auch in höchster Not ausgestoßen. »Hilfe, dat Schwien hät mie to fot!« Für Nicht-Schleswig-Holsteiner: »Hilfe, das Schwein hat mich am Wickel!«

Kurz danach erreichten die Treiber das andere Ende des Maisfeldes. Eine erste Zählung ergab keine akuten Verluste, doch alle versammelten sich um den Treiber S., der sehr blass und zitternd mit zerfetzten Hosen und leicht schweißend das Schlachtfeld verließ. Nach einem tiefen Schluck aus der eigens für medizinische Zwecke mitgeführten Kornflasche musste er berichten.

Im letzten Drittel des Schlages tauchte vor ihm das geifernde und wilde Grunzlaute ausstoßende Gebrech einer wilden Sau auf und näherte sich ihm in Windeseile. Zeit zur Flucht blieb ihm nicht, sodass die Sau ihn unterlief und ihn quasi aufsitzen ließ. Doch dauerte dieser einem Rodeoreiter zur Ehre gereichende Ritt nur wenige Meter, und S. lag ab- und stark angeschlagen zwischen den Maisstängeln.

Ungläubiges Gemurmel, doch die zerrissene, mit einigen Sauborsten behaftete Hose sowie die blutenden unteren Extremitäten sprachen eine deutliche Sprache.

Blitzartig löste sich die Treiberwehr mit Hinweisen wie: »Keine Zeit mehr, wichtige Termine« usw. auf. In Fachkreisen spricht man in einem solchen Fall von Desertation oder Flucht vor dem Feind. Damit fand diese Drückjagd ein abruptes Ende. Eine für den nächsten Morgen eilends herbeigeholte Hundemeute fand die Sauenfestung bereits verlassen vor.

Doch zurück zum Spießer II: Mit meinem Freifahrtschein in Sachen Bockabschuss pirschte ich am 6. Oktober durch das ca. 100 Hektar umfassende Waldareal des Reviers, da sich das Rehwild naturgemäß aufgrund verringerter Deckung in der Feldmark verstärkt in diesen Bereich zurückzog. Wolkenbänder überzogen den Himmel, doch ließ Petrus die Schleusen geschlossen.

In einer durch Windwurf und Durchforstung stark gelichteten Fichtenkultur bestand der Unterwuchs aus einem urwüchsigen Brombeerverhau. Schon von weitem leuchtete eine rote Rehdecke aus dem grünen, stacheligen Geränk. Nur ab und zu hob das Wild sichernd das Haupt. Vorsichtig ging ich in die Knie und konnte mich auf etwa 30 Meter dem vertraut äsenden Reh nähern. Hinter der zurückgelassenen Spitze einer gefällten Fichte fand ich ausreichend Schutz und eine saubere Auflage für meinen Repetierer im Kaliber 9,3 x 62. Auch der Blick durch das achtfache Zielfernrohr ließ mich vorerst nicht viel schlauer werden, da die Brombeerwirrnis nur einen Teil des Ziemers offenbarte. Während meines Versuches, mich durch eine Gewichtsverlagerung von einem Knie auf das andere in eine weniger ermüdende Beobachtungsposition zu bringen, knackte ein dünnes, dürres Ästchen trompetengleich durch die Waldesstille.

Heiliger Hubertus, ein Bock war es, der dort misstrauisch mit weiß bebänderten Lichtern sichernd in meine Richtung äugte. Über 20 Zentimeter lange, tiefbraune Spieße, von der Basis aus weit auseinander strebend, zierten das Haupt dieses Altvorderen. Schon sog sich der Zielstachel auf dem Träger kurz unterhalb des Drosselknopfes fest. Allmähliches Erkennen und die sich versteifende Haltung meines Gegenübers ließen ein unmittelbares Abspringen erwarten.

Der Schuss brach, sofortiges Zusammenbrechen, ein letztes Schlegeln, Stille. Langsam trat ich zu dem Gestreckten. Ein wahrer Schadbock war's, mit nadelspitzen, dünnen Spießen. Während ich neben ihm saß, die Totenwacht hielt, dachte ich an den Spießer vom Vorjahr. Dicht lagen die Einstände der beiden beisammen. Reviernachbarn müssen sie gewesen sein. Wie sollte man sich wohl ein Zusammentreffen der beiden gleich alten, mit ähnlicher mörderischer Wehr ausgestatteten Tiere vorstellen.

Hatten sie einander akzeptiert und die Grenzen ihrer kleinen Königreiche? Oder war es zu einem Waffengang gekommen, zu einem Kreuzen der furchtbaren, gleichartigen Degen. Nur die hochschäftigen Stämme der Fichten könnten Auskunft geben. Uns bleibt nichts als die Fantasie, als das Sinnieren.

Zwei Geringe

Ich habe es schon einmal betont, dass für mich nicht die Trophäenstärke das Maß der Dinge ist. Die Erlebnisse sind es, die Umstände der Erlegung, ein schwieriges Anpirschen, ein außergewöhnlicher Schuss, die einer Trophäe ihren Wert verleihen. Anker in unserem Gedächtnis sind es, die Details, Gefühle und Eindrücke wieder lebendig werden lassen. Was liegt also näher, als über die Erlegung zweier geringer Jährlinge zu erzählen, die mir durch außergewöhnliche Schüsse so lebhaft in Erinnerung geblieben sind.

Wieder einmal hielt der Wonnemonat Mai Einzug mit all seiner aufblühenden Herrlichkeit. Die Bäume zeigten ihr zartestes Grün, die Insekten waren aus ihrer Froststarre erwacht, erfüllten die Luft mit Gesumm und Gebrumm. Frösche quakten ringsherum, die Vögel sangen und jubilierten. Einen schöneren Tag für einen besinnlichen Abendansitz auszuwählen war kaum möglich. Und so wählte ich eine große Wiese, halbmondförmig vom Wald umgeben und von einem kleinen Bach durchzogen. Gegen 19.30 Uhr lehnte ich mich, es war der 20. des Monats, an das halb geschlossene Koppeltor, das mir gleichzeitig Deckung sowie mögliche Gewehrauflage bot, und genoss das Erwachen des Frühlings. Das Tor befand sich genau am unteren Sichelrand des Halbmondes, an dem Wald und Wiese zusammenstießen.

Kaum eine Stunde war vergangen, als die ersten drei Ricken, ohne lange zu sichern, in das frische Grün wechselten und begierig zu äsen begannen. Voll und prall schimmerten ihre Leiber in der Abendsonne. Sie kündigten bereits das erwachte, noch nicht geborene Leben an.

Sie hatten die Äsung kaum aufgenommen, da betrat ein dreijähriger Bock die Bühne. Das prachtvoll vereckte Sechsergehörn auf noch dünnen Stangen stolz präsentierend, zog er auf die Ricken zu. Diese sicherten kurz und nahmen, nachdem der Wind ihnen über Namen und Geschlecht des Neuankömmlings ausreichend Auskunft gegeben hatte, ihre Äsung wieder auf.

Während der junge Bock sich in seiner Rolle als jugendlicher Held sichtlich gefiel und vor Prahlerei kaum einen Lauf vor den anderen zu setzen vermochte, trat im hinteren Bereich der Wiese, etwa 180 Meter entfernt, ein fünftes Stück Rehwild aus. Dieses zeigte genau das entgegengesetzte Verhalten. Angst und Vorsicht prägten seinen Auftritt. Es verging keine Minute, in der der Kopf nicht sichernd nach oben flog, das Äsen glich einem hastigen, stets fluchtbereiten Rupfen.

Der spindeldürre Hals und der unterdurchschnittliche Körperbau verrieten klar und deutlich, dass es sich um ein schwaches Schmalreh oder einen schwachen Jährling handelte. Bevor ich auch nur annähernd geschlechtsspezifische Merkmale ansprechen konnte, klärte mein jugendlicher Held alle weiteren Fragen. Sobald er das geringe Stück entdeckt hatte, hetzte er es quer über die Wiese. Beide verschwanden im Wald. Es konnte, es musste ein schwacher Jährlingsbock sein, der nirgends geduldet, sondern ständig getrieben und gehetzt wurde.

Die Möglichkeit zum Schuss war scheinbar dahin. Doch auf der Jagd ist nichts unmöglich. Kaum waren 10 Minuten vergangen, zog der soeben Vertriebene wieder auf ca. 150 Gänge an mich heran, diesmal sichtlich vertrauter. Schon richtete sich der Lauf der 9,3 auf das kleine Ziel, da zeigte der Bock seinen Spiegel und damit das Kurzwildbret. Ein idealer Abschuss, nur ungefegte Knöpfe ließen sich erkennen. Das Jagdfieber beutelte mich, und als der Bock endlich wieder breit trat, ging der verrissene Schuss irgendwo in die Botanik. Doch, oh Wunder, der Bock nahm keinerlei Notiz von dem an der Waldkante zurückhallenden Knall der Büchse.

Sofort repetierte ich durch. Nochmals legte ich, jetzt mit kalter Entschlossenheit, an den Querstangen des Koppeltores an. Als der Zielstachel ruhig auf dem Blatt stand, brach der Schuss. Im Knall sank der Knopfbock in das Grün.

Die eigentliche Überraschung offenbarte sich erst, als ich an den Gestreckten trat. Durch Träger und Blatt zweimal tödlich getroffen, lag er vor mir. Er musste, als der Zeigefinger den Druck auf den gestochenen Abzug verstärkte, den Kopf zum Blatt gewendet haben, sodass die Kugel erst nach Durchschlagen des Trägers auf das Blatt traf – ein Schuss, wie er mir später nie wieder gelungen ist, eben ein Meisterschuss.

Mitte August 1990 strebte ich nach erfolglosem Morgenansitz gegen 7.30 Uhr dem Auto zu. Ich freute mich auf einen heißen Kaffee. Während ich zügig den Waldweg entlangmarschierte, flüchtete ein Bock etwa 20 Meter von mir entfernt quer über den Weg, verhoffte noch einmal kurz, bevor er im dichten Stangenholz untertauchte. Unschwer konnte ich dabei die zwei Kleinfinger großen, dünnen Stangen erkennen, die ihn als Abschussbock identifizierten. Schon glitt der Repetierer von der Schulter, aber der Bock zog immer weiter von mir weg. Auf etwa 50 Meter verhoffte er jedoch abermals. Er vertraute wohl auf den Schutz des dichten Baumbestands. Doch vermeintliche Geborgenheit ist manchmal trügerisch. Schon Siegfried musste am eigenen Leibe erfahren, welche fatalen Auswirkungen ein ungeschütztes Stück Körperteil haben kann.

Ähnlich erging es dem Bock. Zwar verbarg das Blätterwerk den Neugierigen fast vollständig, doch mit Ausnahme eines vielleicht fünfmarkstückgroßen Teiles des Blattes, das mir wie eine Signallampe durch das schattige Grün rot entgegenleuchtete. Und wie Hagen von Tronje seinen Speer, senkte ich das Absehen des Zielfernrohres in diesen Punkt. Den Gemeuchelten fand ich dann keine 20 Meter vom Anschuss entfernt, längst verendet. Mich jedoch plagten keine Reue oder gar Gewissensbisse. Im Gegenteil, dieser erfolgreiche Schuss ließ mich meine morgendliche Katerstimmung vollständig vergessen.

Das Abkochen bescherte mir dann eine weitere Überraschung, wies doch der Bock einen fast den ganzen Vorderschädel oberhalb des Nasenbeins bedeckenden, bereits verheilten Trümmerbruch sowie ein bleistiftstarkes Loch im Schädel auf.

Ob nun dem Bock in sturmgepeitschter Nacht ein abbrechender Ast auf den Kopf prallte oder eine wilde Jagd während eines Einstandskampfes ihn auf die Straße und vor ein Auto trieb – wer weiß. Aber die Schmerzen und Qualen, die diese geschundene Kreatur ertragen musste, waren sicher fürchterlich.

Blattzeit, das bedeutet hitzige Tage, hitzige Böcke und hitzige Jäger. Es bedeutet aber auch lange Tage, kurze Nächte und – zumindest für diejenigen Jäger, die ihre Pflichten als Blattzeitjäger noch ernst nehmen wie ich – notorische Müdigkeit. Doch was entgeht all den Menschen, die den Morgen verschlafen: Das erste Zwielicht; Fuchs, Sau und all die anderen Wesen der Nacht streben schemenhaft ihren Einständen zu. Erste verschlafene und zaghafte Vogelstimmen durchdringen das schwindende Dunkel. Und dann ein Piepen und Zwitschern, ein Rascheln und Raunen, ein Quaken und Plätschern. Vielstimmig begrüßt die Natur den hinter den dunklen Kronen der Bäume machtvoll aufgehenden Sonnenball. Wahrhaftig ein Geschenk der Schöpfung!

Doch zurück zu treibenden Böcken und sehnsuchtsvoll fiependen Ricken. Die Hitze des Tages wich nur langsam und widerstrebend der einsetzenden Abenddämmerung. Langsam versank die glutrote Sonne am westlichen Horizont. Der Abendansitz bescherte mir zwar einigen Anblick, doch die Böcke, die mit tiefem Windfang auf der Suche nach einem neuen Liebesabenteuer an mir vorbeizogen, waren allesamt zwei- bis dreijährig und prahlten mit ihren starken Gehörnen.

Als dann noch ein Liebespärchen eng umschlungen den Waldweg entlangspazierte und es sich auf der vor mir liegenden Wiese gemütlich machte, entschloss ich mich, das zweisame Glück nicht länger zu stören, und trat diskret den Rückzug an. Leise den Waldweg in entgegengesetzter Richtung zurückpirschend, dachte ich schmunzelnd an eine andere verfängliche Situation, der ich mich seinerzeit jedoch nicht so frühzeitig hatte entziehen können.

Diese Geschichte trug sich an einer kleinen, etwa 2000 Quadratmeter großen, vom Wald vollständig umschlossenen Wiese zu. Das Heu wurde für die winterliche Wildfütterung genutzt und, da eine maschinelle Bearbeitung aufgrund des allzu engen Zufahrtsweges nicht möglich war, von den Waldarbeitern auf Reuter gesetzt.

Da ich an dieser exponierten Stelle einen starken alten Bock vermutete, plante ich einen Abendansitz mit der faszinierenden Idee, mich in einen dieser Reuter einzuschieben. Um den potenziellen Platzbock nicht zu vergrämen, strebte ich frühzeitig dem in unserer Zeit nicht mehr allzu häufigen Ansitzplatz zu. Stunde um Stunde verstrich, während ich vor mich hindöste. Da, eine Amsel begann am Wald zu schimpfen, rätschend strich ein Eichelhäher ab. Ruhelos suchte das Auge nach dem roten Fleck am Waldesrand. Ein erstes Knacken, die Spannung wuchs, fester umfasste die Hand den Schaft des Drillings.

Da verzog sich das Gesicht zu einem verärgerten Lächeln. Hand in Hand erschien ein junges Pärchen. Doch wer verdenkt mir mein Erstaunen, als diese beiden zielstrebig ausgerechnet meinem Heureuter zusteuerten und es sich dort bequem machten. Umarmungen, innige Küsse und andere »Handgreiflichkeiten« ließen mich, der ich selbst der pubertären Phase bereits entwachsen war, ahnen, wie sich die Dinge weiter entwickeln würden. Mich zu diesem doch schon relativ weit fortgeschrittenen Zeitpunkt zu offenbaren, verbot mir die Pietät. Also blieb mir nur der diskrete Rückzug durch die »Hintertür«. Ich begann daher, das Hinterteil rückwärts schiebend, mich katzengleich und lautlos dieser verfänglichen Situation zu entziehen. Bei diesen Bemühungen übersah ich – wer hat hinten auch schon Augen – den einen Holm des Reuters.

Meine Schubkraft ließ das trockene Holzstück knarrende, ächzende Geräusche von sich geben. Erste Heubüschel glitten von dem sich bewegenden Heuhaufen, und der Aufschrei auf der anderen Seite des Reuters bewies, dass dort jegliche Romantik blitzartig entschwunden war. Von panischem Entsetzen getrieben, verließen die beiden in ihrem Schäferstündchen so abrupt Unterbrochenen fluchtartig diesen unheimlichen Ort und hinterließen mir, quasi als Trophäe, einen Socken und einen Schuh. Beides legte ich weithin sichtbar auf den Heureuter, zur Abholung bereit. Gebrauch gemacht hat von dieser Möglichkeit jedoch keiner.

Um Ähnliches zu vermeiden, begab ich mich an diesem Abend in einen entfernt gelegenen Revierteil. Die fortschreitende Dunkelheit ließ einen erneuten Ansitz sinnlos erscheinen, ich verlegte mich also auf die Pirsch. Ich schlich den Wirtschaftsweg entlang, an dessen Rand, keine 50 Schritt vor mir, ein vielleicht dreijähriger Bock mit einem starken Sechsergehörn plätzte. Weitere Einzelheiten ließen die immer schlechter werdenden Lichtverhältnisse nicht mehr erkennen.

Da stürzte sich aus dem links vom Weg gelegenen Weizenfeld ein roter Strich auf den von mir durch das Fernglas beobachteten Bock. Dieser warf auf und flüchtete, keuchende Laute ausstoßend, direkt auf mich zu. Im selben Moment sank ich in mich zusammen und kniete, die 9,3 im Anschlag, mitten auf dem Weg. Denn das war mir klar, der Verfolger musste ein Älterer, Stärkerer sein.

Währenddessen stürmte die wilde Jagd direkt auf mich zu, näherte sich Meter um Meter. Der direkte Körperkontakt schien unvermeidbar, die angeschlagene Waffe schien der Selbstverteidigung dienen zu müssen, da sprang der Flüchtende mit einem Riesensatz schräg an mir vorbei, wobei der Luftzug, und Gott sei Dank nur der, spürbar mein Gesicht erreichte.

Der Verfolger bremste aus vollem Lauf ab und verhoffte für den Bruchteil einer Sekunde keine fünf Meter vor mir auf dem Weg. Er schien sich der unmittelbaren Gefahr nicht klar bewusst zu sein.

Das Absehen stand bereits im das ganze Zielfernrohr einnehmenden Wildkörper. Daran vorbeiblickend korrigierte ich Richtung Blatt, und der Schuss brach. Mit tiefer Flucht in den Weizen quittierte der Bock den Schuss, wackelnde Weizenhalme zeigten die Richtung an. 10 Meter, 20 Meter, vorbei.

In tiefer Nacht trat ich an den tief im Blatt Getroffenen heran. Ein fünfjähriger Bock mit tiefschwarzer Krone und nur eben angedeuteten, geradezu graziös gebogenen Hintersprossen und zentimeterlangen, nach innen gewendeten Vordersprossen war meine Beute geworden – ein Erlebnis, wie es tiefer und intensiver nicht sein kann.

»Der Bock lag im Knall.« »Den Knall vernahm er nicht mehr.« »Mit blitzartigem Zusammenbrechen quittierte er den Schuss.«

Wie gern berichten wir über wohl abgezirkelte und perfekte Schüsse. Wie leicht fließt uns das sofortige Verenden aus der Feder. Zu Recht, ist doch das schmerzlose Töten unser ureigenstes Ziel, die höchste jägerische Pflicht. Doch zu viele Unwägbarkeiten vereiteln hier und da dieses Streben, lassen keine Freude aufkommen an der erlegten Beute. Der kleine Ast, der die Kugel ablenkte vom eigentlichen Ziel; das Zielfernrohr, aus welchen Gründen auch immer verstellt um nur wenige Grade. Doch auch all die menschlichen Komponenten nehmen Einfluss auf den Flug der Kugel. Ausgepumpt, schwer atmend nach mühevoller Pirsch, das Jagdfieber, das die Waffe zittern lässt und das Auge verschleiert.

Und so möchte auch ich von einem Erlebnis berichten, das keine reine, aufrichtige Freude aufkommen ließ, mir aber durch seine Urwüchsigkeit, seine Ursprünglichkeit fest im Gedächtnis haften geblieben ist.

Bei dem Begriff »Ursprünglichkeit« fällt mir spontan ein Satz von Hermann Löns aus seiner entzückenden Erzählung »Fifichen« ein, die ich an dieser Stelle, verbunden mit einer kleinen Geschichte, zitieren darf. Ich hoffe, die Leser mögen mir diesen kleinen Exkurs verzeihen.

»Aber was ist Kultur, was bedeutet Zivilisation? Dummer Lack ist es, unter dem die Natur sitzt und darauf wartet, dass irgendwo in dem sauberen Anstrich ein Riss entsteht, und dann bricht sie hervor, und der Lack blättert ab wie die Rinde der Platanen, wenn es auf den Winter geht.«

Wir hatten urlaubsbedingt die schon etwas betagtere Rauhaarteckeldame »Brixie« meiner Schwiegereltern zu Besuch. Brixie konnte getrost der urbanen Kultur zugerechnet werden, zog gepflasterte Wege vor und genoss die Abendstunden auf den geschmackvollen Polstermöbeln. Auch nahm sie wohlgesittet an den Mahlzeiten teil und verabscheute Regen und Matsch. Kurz, ein Hund mit Manieren! Insofern missfiel ihr der Aufenthalt in unserem doch etwas rustikaleren Haushalt, doch fügte sie sich damenhaft in das Unvermeidliche.

Eines Morgens erhielt ich einen Anruf: Ein offensichtlich schwer kranker Rehbock säße weit sichtbar in einer Extensivierungsfläche dicht an dem zum Wald führenden Plattenweg und rühre sich nicht von der Stelle.

Den Drilling schulternd, nahm ich auch unseren Pensionsgast mit, um die jägerische Pflicht gleich mit dem allmorgendlichen Spaziergang zu verbinden.

Natürlich regnete es. Am Einsatzort angekommen, hob ich den widerstrebenden Hund aus dem Auto und querte die mit Disteln und Brennnesselnestern bestandene Extensivierung. Immer wieder blieb meine kleine Begleiterin stehen, schüttelte sich angewidert und blickte sehnsuchtsvoll zum Auto zurück. Die kleinen krummen Beine setzte sie, fast wie ein Storch stolzierend, mit Leidensmiene in diese Wüstenei. Das Märchen von der Prinzessin auf der Erbse drängte sich hier förmlich auf.

Da entdeckte ich den immer noch im Bett sitzenden Bock. Vollständig abgekommen, Haupt und Träger weit von sich gestreckt, bot sich mir ein Bild des Jammers. Der Fangschuss auf fünf Meter Distanz beendete dieses Elend.

Nun endlich entdeckte auch Brixie den noch schwach Schlegelnden. Mit verdrehten Lichtern und gefletschten Zähnen – zumindest das, was noch davon übrig war – stürzte dieser sich von einem Augenblick zum anderen zum Kampfhund verwandelte Dackel auf den Bock und verbiss sich am Träger. Auch beim Bergen ließ die kleine Bestie nicht ab. Regen und Nässe waren vergessen. Brennnesseln, Disteln und Kletten konnten den plötzlichen Löwenmut nicht bremsen. Die Metamorphose war vollkommen, Brixie ein Jäger geworden.

Doch zurück zu der anfangs so abrupt unterbrochenen Geschichte: An einem Morgen im September 1988 fuhr ich mit dem Auto auf dem eben beschriebenen Plattenweg Richtung Wald. Da zog links von mir auf einem abgeschlossenen Schlag, durch einen Knick von mir getrennt, ein Bock. Eben dieser Knick ließ ein genaues Ansprechen nicht zu, doch schien mir der erste Eindruck viel versprechend.

Ich beschloss, mangels anderweitiger Deckung dem Bock auf der mir zugewandten Seite des Knicks entgegenzupirschen. Die aufkommende Aufregung ließ mich den im Handschuhfach des Autos deponierten Patronenvorrat vergessen. So hatte ich nur die eine Kugel, die im Lauf steckte.

Breit zog der bereits zurückgesetzte Bock 50 Gänge an mir vorbei. Knapp über die Lauscher ragende Spieße und der starke Träger ließen keinen Zweifel. Den freihändig angetragenen Schuss quittierte der Bock mit einem krummen Rücken. Schwer krank weiterziehend, schleppte er das ausgetretene Gescheide hinter sich her. Zittrige Finger durchwühlten Jacken- und Hosentaschen nach weiteren Patronen. Ohne Erfolg.

Einem inneren Impuls folgend, stürzte ich mit gezücktem Jagdknicker hinter dem immer noch Ziehenden her, packte im Sprung die spitzen Gehörnstangen und zog ihn nieder. Alle Kraft aufwendend, drückte ich den sich heftig wehrenden Bock auf die Erde und stieß den Knicker in das Blatt. Ein gequältes Stöhnen, wild schlagende Läufe trafen schmerzhaft die Unterschenkel. Doch ich ließ nicht los. Die Bewegungen erlahmten, ein letztes Keuchen. Aus. Schweißnass, mit zerschundenen Beinen, lag ich neben meiner Beute.

Ja, auch so kann Jagen sein.

Wenn der Sohne mit dem Vater

In der Regel ist es umgekehrt. Von frühester Jugend an begleitet der Sohn den Vater in das Revier, früh ist die Passion geweckt, früh sind Eigenarten und Biologie des Wildes bekannt, und früh schon beginnt der Umgang mit den Waffen. Die Erlangung des ersten Jagdscheines ist dann Ehrensache, der erste gemeinsame Pirsch- und Waffengang steht alsbald auf dem Programm, und oft sieht man beide stolz und mit tiefster innerlicher Verbundenheit durch Feld und Flur ziehen. Genauso verhielt es sich bei meinem Vater und mir, nur eben umgekehrt.

Anfang der Achtzigerjahre absolvierte ich, nach ungezählten Übungsstunden und eifrigstem Lernen, den ersten Jagdschein. Zwei Jahre später zählte ich mit dem Kauf des bereits bekannten Kleinen Münsterländerrüden »Keck von der Rethwisch« zu den stolzen Hundebesitzern, doch beileibe noch nicht zu den Rüdemännern. Diese nächsthöhere Entwicklungsstufe stand mir und natürlich auch meinem vierbeinigen Jagdbegleiter mit dem Besuch des nächstmöglichen Hundeführerlehrganges noch bevor.

Doch diese höheren Weihen blieben mir durch eine gravierende berufliche Veränderung versagt. Nicht für eine Tätigkeit als Bankkaufmann nach erfolgreich abgeschlossener Ausbildung entschied ich mich, sondern ließ ein Studium der Betriebswissenschaften an der nächstgelegenen Universität folgen.

Der doch sehr umfangreiche Stoff und das mit großer Ernsthaftigkeit betriebene Studium ließen mir leider wenig Zeit für die Jagd und noch weniger für die Hundeausbildung. Der Familienrat tagte, und mein Vater erklärte sich bereit, sich dieses auch für ihn vollkommen neuen Terrains anzunehmen. Bislang hatte er vornehmlich dem Segel- und Angelsport gefrönt, doch da die jagdliche Abrichtung eines Hundes, wenn konsequent betrieben, die knappe Freizeit eines Menschen praktisch vollständig in Anspruch nimmt, rückten diese Hobbys alsbald ganz in den Hintergrund.

Die Führung eines Jagdhundes durch einen Nichtjäger stieß bei den übrigen Teilnehmern des Hundeführerlehrganges zunächst auf Skepsis, nach intensiverem Kennenlernen aber zunehmend auf Anerkennung. Immer stärker bedrängte man meinen Vater, nicht nur den Hund auf die Prüfungen vorzubereiten, sondern auch sich selbst der Jägerprüfung zu stellen.

Nun, um es kurz zu machen: Der Zauber und die Faszination der Jagd hatten meinen Vater bereits gefangen. Er wurde ein Jäger, ist bis zum heutigen Tage ein außerordentlich passionierter Jäger und führte unseren Kecki erfolgreich durch die Jugendsuche, HZP, VGB und Bringtreueprüfung.

Ein dickes Buch ließe sich über die Erlebnisse mit diesem selbstbewussten, jagdlich so instinktvollen, ich möchte fast sagen intelligenten Hund füllen. 16 lange Jahre begleitete er meinen Vater auf dessen grünen Pfaden.

Der erste Jahresjagdschein war gelöst, die erste gemeinsame morgendliche Bockjagd führte uns auf zwei Kanzeln, gelegen an verschiedenen Wiesen am Waldesrand. Ich hatte meinen Ansitzplatz kaum bezogen, als schon der helle Büchsenknall die Stille des anbrechenden Morgens zerriss.

Nichts hielt mich mehr auf meinem hölzernen Gestell. Auf dem Weg zum Ansitz meines Vaters wählte ich die Abkürzung quer durch den Wald, scharf ausschreitend statt pirschend. Auf dem Wegekreuz bog ich scharf rechts ab – und stand einem Bock gegenüber, der mich ebenso überrascht anäugte wie ich ihn. Ein mittelalter, schlecht veranlagter, kaum lauscherhoher Spießer war's. Starke Rosen ließen zwei leicht verdrehte, nach oben hin nadelscharfe, ungeperlte Stangen aus ihrer Basis wachsen.

Mit schreckgeweiteten Lichtern stand der Bock wie erstarrt und ließ mir genügend Zeit, ihm das 16 Gramm schwere H-Mantel-Geschoss der 9,3 auf den Stich zu setzen. Der Bock lag im Knall. Ihn schulternd, eilte ich dem Hochstand meines Vaters zu. Ein geringer Jährling mit bleistiftdünnen, kurzen Spießchen lag dort im grünen Gras. Wie abgezirkelt saß die Kugel der 30/06 auf dem Blatt.

Die Feierlichkeit und Erhabenheit dieser frühen Stunde fühlend, überreichten wir uns die Brüche. Ein fester Händedruck und ein tiefer gegenseitiger Blick drückten mehr aus als jedes Wort. Eine innere Verbundenheit umschlang uns in diesem Moment. Die erste gemeinsame Jagd. Wer kann einen solchen Morgen jemals vergessen?

Allerhand Kahles

Nun, wie bereits angedeutet, zur holden Weiblichkeit. Es ist häufig das Vorrecht des Jungjägers, sich mit dem Abschuss der Ricken und Kitze, der ungeliebten Kahlwildbejagung, auseinander zu setzen.

Ich habe dies nie als Bürde empfunden. Ganz im Gegenteil. Unzählige Freuden und Erlebnisse haben mir die vielen Ansitze und Pirschgänge bereitet. Zu erkennen, welches Kitz zu welcher Ricke gehört, die Altersansprache, die Unterscheidung von Bock- und Rickenkitz, das Heraussuchen des schwächsten Stückes, das Identifizieren nicht-führender Stücke im Sprung. All dies fordert den ganzen Jäger, sofern der Wahlabschuss auch als solcher verstanden und praktiziert wird. Zudem, wer das eine will, muss das andere mögen. Wir haben nun mal die jagdliche Pflicht, für einen gesunden Wildbestand zu sorgen und damit für ein ausgewogenes Geschlechterverhältnis.

Von einigen Erlebnissen, die mir die Bejagung des Kahlwildes beschert hat, will ich jetzt berichten.

Ein Schonzeitvergehen?

Auszug aus der Anklageschrift des Staatsanwaltes:

»Sehr geehrter Herr Richter, sehr geehrter Herr Verteidiger, diesem jungen Jäger wird vorgeworfen, sich durch den Abschuss einer Ricke, also eines weiblichen, älteren Rehs im Monat Juli eines Schonzeitvergehens schuldig gemacht zu haben.

Da der Beschuldigte bereits sechs Jahresjagdscheine gelöst hat, musste ihm bekannt sein, dass Ricken erst ab dem 1. September eines jeden Jahres bejagt werden dürfen. Trotzdem richtete er gewissenlos und unbarmherzig den Lauf seiner Waffe auf die durch das Gesetz geschützte arme Kreatur und schoss sie nieder.

War es ein Versehen oder gar jagdlicher Übereifer? Dies zu ergründen, wird unter anderem Aufgabe der heutigen Verhandlung sein.

Jedoch scheint mir der Angeklagte sich augenscheinlich keiner Schuld bewusst zu sein. Während der Befragung durch die Polizei gab er die gegen ihn erhobenen Vorwürfe unumwunden zu. Ja, er gestand sogar ein, in einer gleichartigen Situation wieder in die gleiche Handlungsweise zu verfallen. Es handelt sich demnach um einen potenziellen Wiederholungstäter, sodass ich das höchstmögliche Strafmaß beantrage.«

So weit die Klageschrift des Staatsanwaltes.

Nun, um der Wahrheit die Ehre zu geben, eine solche Verhandlung oder gar die Verlesung einer Anklageschrift hat es natürlich nie gegeben. Nicht erfunden dagegen ist der Abschuss der Ricke, die ich tatsächlich Mitte Juli erlegte.

Gegen Mittag diesen Tages bummelte ich durch den Hochwald, die mittägliche Stille genießend und auf einen ebenfalls bummelnden Rehbock hoffend. Wirklich ernsthafte Absichten trieben mich jedoch nicht. Das Ganze hatte eher den Charakter eines bewaffneten Spazierganges. Da entdeckte ich in einer kleinen Buchennaturverjüngung ein einzelnes Reh, ungefähr 80 Meter vom Weg entfernt. Die Ricke, als solche war sie klar anzusprechen, zog parallel zu mir, immer dieselbe Distanz haltend, weiter durch den Bestand. Das nichtführende Stück wirkte abgekommen und das Haupt schien mir seltsam aufgedunsen.

All dies veranlasste mich, der Ricke nunmehr meine ganze Aufmerksamkeit zu schenken und mir vor allem die Kopfpartie genauer anzuschauen. Müde und träge, häufig verhoffend, ohne auch nur einmal dabei zu sichern, zog sie weiter.

In der Zwischenzeit hatte ich das Fernglas mit dem Repetierer gewechselt und betrachtete das eigentümliche Verhalten sowie das merkwürdige Äußere durch das Zielfernrohr. Der ganze Kopf war übersät mit Geschwüren, ein Licht in einem dieser Geschwulste vollständig verschwunden. In diesem Moment fühlte ich den aufkommenden Wind in meinem Nacken. Das Stück äugte in meine Richtung, realisierte den Feind. Doch keine Flucht folgte auf dieses Erkennen. Sie stand einfach da, Speichel tropfte aus dem Äser, stand da, als warte sie auf das Ende, auf die Erlösung. Den Knall der 9,3 vernahm sie nicht mehr.

Sicherlich, ein Schuss in der Schonzeit, doch kein Vergehen, sondern höchste jägerische Pflicht. Beim Herantreten fühlte ich keine Freude, nur Dankbarkeit, dass ich zur rechten Zeit am rechten Ort hatte sein dürfen.

In meinem Fotoalbum schrieb ich über die Aufnahmen: Ob Schonzeit oder nicht, der Jäger ist für einen gesunden Wildbestand verantwortlich und handelt entsprechend.

Auf Tauchstation

Es ist Mitte September. Die Kanzeln und Hochsitze, mehr oder minder listenreich in die zahlreichen Knicks eingepasst, bieten einen weiten Blick über die abgeernteten, teilweise bereits umgepflügten Felder. Nur die Dauerweiden und der frisch aufgelaufene Raps stechen sattgrün von ihrer Umgebung ab.

Die von mir für diesen Ansitzabend favorisierte geschlossene Kanzel lag an einem solchen Rapsfeld, und erwartungsvoll erklomm ich die Leiter. Beim Öffnen der Tür jedoch tönte mir sofort gereiztes Brummen entgegen und erste Attacken der aus einem fußballgroßen Hornissennest startenden Luftabwehr ließen keine Zweifel zu, dass ich der Kategorie »unerwünschter Gast« zugeordnet worden war.

Mein Rückzug gestaltete sich entsprechend hektischer und planloser. Einem aus der Großstadt stammenden Jagdgast aus einem unserer Nachbarreviere erging es übrigens ähnlich, doch war er sich dieses Umstandes erkennbar nicht im Geringsten bewusst.

Auch er bestieg eines Abends den für ihn sicherlich mit den besten Absichten ausgewählten Hochstand, der ansonsten von der heimischen Jägerschaft eher selten frequentiert wurde.

Hartnäckig harrte er bis zur Dämmerung auf dem ihm zugewiesenen Stand aus und erst am vereinbarten Treffpunkt beschwerte er sich über die lästige Mückenplage, die ihm den Ansitz verleidet hatte. Dabei deutete er auf die drei oder vier hühnereigroßen feuerroten Beulen, die Gesicht und Nacken verzierten.

Da die Größe der Schwellungen dem Jagdherrn so gar nicht zu den kleinen Blutsaugern zu passen schien, wurde der Hochsitz nochmals bestiegen und im Schein der Taschenlampe ein Hornissennest entdeckt sowie deren Bewohner als Verursacher identifiziert.

Es zeugt von der Friedfertigkeit dieser großen, stachelbewehrten Insekten, dass der Mann diese nicht ungefährliche Situation so glimpflich überstehen konnte. Vor allem ist mir noch heute unverständlich, wie ein hinsichtlich der einheimischen Tierwelt derart instinktloser und unsensibler Mann mit so wenig Grundkenntnissen jemals zum Jäger avancieren konnte. Wie auch immer – ich jedenfalls machte, dass ich wegkam, und entschied mich für einen Ansitz an einer nahe gelegenen Wiese, die zur Silagegewinnung diente, sodass keine Rinder oder Pferde auf der Fläche zu erwarten waren. Als Trennlinie zum nächsten Acker zog sich ein breiter, dichter Knick an der einen Wiesenkante entlang, während die anderen Seiten von einem Plattenweg begrenzt wurden.

Die Wiese stellte den tiefsten Punkt des Areals dar, und direkt am Knick befand sich ein kleiner, rundherum zugewachsener Tümpel, der an diesem Abend noch größere Bedeutung erlangen sollte.

Schon beim Anmarsch entdeckte ich zwei Rehe, die dicht am Knick entlang ästen. Ricke und Kitz konstatierte das Fernglas. Jedoch ließ die Entfernung – zwischen mir und den Rehen mochten 300 Meter liegen – keine weiteren Details erkennen.

Also vorsichtig in tief gebückter Haltung näher herangepirscht. Durch die häufigen Spaziergänger mit oder ohne Hund, Fahrradfahrer, Jogger und auch Reiter reagiert das Wild in der Feldmark vertrauter und mit einer geringeren Fluchtdistanz auf menschliche Annäherung.

Ob es nun an meinen Pirschfähigkeiten und -fertigkeiten lag oder nur an der Vertrautheit der Rehe, weiß ich nicht, es gelang mir jedenfalls, auf ungefähr 90 Meter hinter einem Zaunpfahl inmitten von Brennnesseln Deckung und Auflage zu finden.

Das Kitz, unzweifelhaft ein normal entwickeltes Rickenkitz, äste sich spitz von mir weg, während die Ricke, den Kopf in den Büschen des Knickes verborgen, breit stand. Sie erschien mir ein wenig eingefallen, weitere Auffälligkeiten konnte ich auch hier nicht entdecken.

Doch dann wendete die Ricke und zog langsam zurück auf die Wiese. Dabei gab sie den Blick auf den Kopf frei. Dieser schien sonderbar deformiert zu sein. Eine Schwellung umfasste den unteren Teil des Äsers, vergleichbar der »dicken Backe« bei einem entzündeten Backenzahn. Das verzerrte Gesicht der Ricke ließ die Schmerzen ahnen, die sie beim Äsen erdulden musste.

Natürlich, die Ricke litt unter einer Strahlenpilzerkrankung. Verursacht durch infizierte Blätter oder

Grashalme, wanderten die Erreger durch eine kleine Verletzung des Zahnfleisches bis zum Unterkieferknochen, um dort ihr zerstörerisches Werk zu beginnen. Der befallene Knochen treibt schwammartig durchlöchert auf bis zu einer starken Verdickung, einer Geschwulst, die die Nahrungsaufnahme zur Qual werden lässt.

Zwar lautet eine alte waidmännische Grundregel: »Erst das Kitz, dann die Ricke!« Zu Recht, denn das führungslose Kitz ist zu Kümmerertum und Siechtum verurteilt. Doch in diesem besonderen Fall entschloss ich mich, doch erst auf das erkrankte Stück zu schießen, hoffte ich doch, das orientierungslose Kitz mit einem schnellen zweiten Schuss strecken zu können. Der sorgfältig auf das Blatt angetragene Schuss brach, ließ die Ricke jedoch nicht, wie erwartet, blitzartig zusammenbrechen. In hohen Fluchten sah ich sie, das Kitz mitnehmend, am Knick entlang verschwinden.

Unfassbar, mit offenem Mund und hängenden Ohren saß ich hinter meinem Zaunpfahl, mit mir und der Welt hadernd. Hatte das Nesselgift – meine Unterarme waren voller Quaddeln – das ruhige Zielen verhindert, mich den Schuss verreißen lassen? Nein, sauber war ich auf dem Blatt abgekommen.

Plötzlich kehrte das Kitz allein und nach der Mutter fiepend am Knick zurück, zog ein Stück, verhoffte, fiepte und zog wieder ein Stück vor. Längst war eine neue Kugel schussfertig im Lauf, und als das Kitz verhoffend breit trat, ließ der Blattschuss es den Knall nicht mehr vernehmen.

Doch wo befand sich die Ricke? Am Anschuss schon fand ich reichlich Lungenschweiß vor, und die deutlich sichtbare Schweißfährte machte es mir leicht, den Fluchtweg zu verfolgen. Hier, an der leichten Biegung des Knickes, verlor ich sie nach dem Schuss aus den Augen. Jetzt kam der kleine Tümpel und die tröstlichen roten Flecken auf dem grünen Gras waren schlagartig verschwunden. Auch das Umrunden des kleinen Gewässers erbrachte keine neuen Erkenntnisse.

Ich erkletterte eine höher gelegene Stelle im Knick, sah in den Teich hinab und entdeckte, zwischen Binsen und Schilfstängeln, ein rotes Stück Decke, nämlich die Spitze eines Lauschers. Erleichtert und glücklich zog ich die Ricke aus dem Wasser.

Die Todesflucht, das sie umfangende Dunkel, hatte sie mit bereits erloschenen Sinnen in dieses Wasserloch preschen lassen. Dass die Mutter plötzlich »weggetaucht« war, hatte anscheinend auch das Kitz so irritiert, dass es, die Verlorene suchend, auf der eigenen Fluchtfährte zurückkehrte.

Die Hagelpirsch

Wie alle Jahre wieder, wünschten sich viele Freunde und Bekannte einen schmackhaften Rehwildrücken oder eine delikate Keule als weihnachtlichen Festtagsschmaus.

Selbstverständlich setzte ich alles daran, die in mich gesetzten Hoffnungen zu erfüllen und das Weihnachtsfest zumindest aus nahrungstechnischer Sicht zu einem Erfolg werden zu lassen. So sah mich auch dieser 20. Dezember mit dem Fahrrad unterwegs, den bewährten Repetierer im Kaliber 9,3 x 62 auf dem Rücken und das achtfache Fernglas auf der Brust verborgen, geschützt unter der dicken Felljacke.

Denn es war empfindlich kalt geworden. Bei Temperaturen nahe der Frostgrenze pfiff ein kalter, nasser Sturm über die öden, tristen Äcker und den nackten, kahlen Wald. Tiefblaue, fast schwarze Wolkenberge türmten sich am Horizont und ließen nichts Gutes ahnen.

Und richtig, kaum bog ich mit meinem geländegängigen Zweirad auf dem ersten Plattenweg in die weite Feldmark ein, prasselte der erste schwere Hagelschauer hernieder. Die kleinen Eisgeschosse ließen das nur durch die breite Hutkrempe geschützte Gesicht und die Finger erst erkalten und erstarren. Doch das Herz ließ das Blut zirkulieren, kämpfte gegen den plötzlichen Kälteangriff und durchzog beide mit intensiver Röte und wohliger Wärme.

Zeigten sich Äcker und Felder auch offensichtlich wildleer, konnten die Chancen hier in der Feldmark nicht besser sein, denn die Rehsprünge suchten sich in Ermangelung einer anderen Deckung an den windabgewandten Seiten des Knicks vor den Unbilden dieser Witterung zu schützen. Auch verschluckte der Sturm die quatschenden, saugenden Geräusche des durch den nassen, lehmigen Ackerboden eher stapfenden als pirschenden Jägers.

Es galt also, die Knicks sorgfältig nach im Bett sitzenden, dicht an den Knick geschmiegten Rehen abzusuchen und sich auf Schussentfernung anzupirschen.

Schon am zweiten Knick wurde ich »fündig«. Hinter einer Senke, die für mich nicht einsehbar war, ließen fünf Stücke Rehwild einen gerade wieder einsetzenden

Hagelschauer mit gesenkten Lauschern auf sich niedergehen.

Mit jedem Schritt tief im umgepflügten Lehmboden versinkend, arbeitete ich mich Meter um Meter auf der anderen Seite des Knicks an den Sprung heran, erreichte schwer atmend die Senke und zuckte vor Schreck zusammen, als dort ein weiteres Stück schreckend und prasselnd aus dem Knick flüchtete, genau in Richtung des übrigen Sprunges, diesen auf der weiteren Flucht mitnehmend.

Da half nur eins, unverrichteter Dinge zurück zum Fahrrad und weitersuchen, denn ist das Rehwild erst einmal beunruhigt, sind die Chancen bei der Vielzahl aufgestellter Lauscher, aufmerksamer Lichter und tief den Wind einsaugender Windfänge gering, sich auf Schussdistanz nähern zu können.

Verbissen gegen die Sturmböen die Füße in die Pedale stemmend, erreichte ich bald den nächsten viel versprechenden Knick, und siehe da, vier Rehe standen nebeneinander, dicht zusammengedrängt, wie um sich gegenseitig zu schützen und zu wärmen, in der tiefen Ackerfurche direkt an den deckenden Büschen.

Der Schlachtplan vollzog sich nach demselben Schema. Bis auf die magischen 100 Meter hatte ich mich, inzwischen triefend nass, der vermeintlichen Stelle von der anderen, windzugewandten Seite bereits genähert, die 9,3 in den Händen. Eine Bewegung mitten auf dem Knick, keine 80 Meter von mir entfernt, ließ mich aufmerken und gleichzeitig erstarren.

Die Rehe waren im Begriff, die immerhin vor dem Sturm schützende Lagerstatt zu verlassen und gegen den gnadenlos niederprasselnden Hagelschauer auf meine Seite zu wechseln. Schon lag ich bäuchlings in einer Ackerfurche, und die vier zogen wie auf einer Perlenschnur nacheinander an mir vorüber. Voran die Ricke, dann Ricken- und Bockkitz und als Nachhut ein Schmalreh. Langsam richtete ich den Oberkörper auf, während ich mit den Ellenbogen einen sicheren Halt im aufgeweichten Pflugboden suchte.

Den Büchsenknall verschluckte der Sturm wie das Ackerland das Rickenkitz. Unschlüssig verhofften die übrigen drei, und es wäre kein Problem gewesen, ein weiteres Stück zu strecken. Doch Freude und Stolz hätten ohnehin nicht mehr gesteigert werden können. Warum ein solches Erleben durch weitere Strecke eher wieder herabwürdigen?

Wie frisch der Suhle entstiegen erhob ich mich von der Erde, und der Anblick eines Keilers auf zwei Beinen ließ die ohnehin schon arg strapazierten Rehe augenblicklich abspringen.

Mutterliebe

Jede Mutter verteidigt ihr Kind und setzt zu seinem Schutz, so es denn sein muss, sogar das eigene Leben ein. Je höher entwickelt eine Spezies, desto intensiver ist im Allgemeinen die Verteidigung des Nachwuchses. Wer hat nicht schon von Krokodilmüttern gehört, die ihr Nest und ihre Eier gegen jede Nachstellung zahnbewehrt und rigoros verteidigten? Oder von den wackeren Kibitzen, die jede Annäherung eines potenziellen Eier- oder Kükenliebhabers mit einem sofortigen Luftangriff beantworteten. Oder von der Katzenmutter, die bereits beim leisesten Hauch einer Gefahr die lieben Kleinen fest am Genick packt und aus der Gefahrenzone trägt. So vielfältig sind die Abwehr-, Angriffs- und Täuschungsstrategien in der Tierwelt, dass allein deren Beschreibung ein dickes Buch füllen würde.

Und auch die Ricke, diese fürsorgliche Rehmutter, kämpft um ihre Kitze, zwar nicht mit Zähnen und Klauen, weil ihr solche Waffen von Mutter Natur nicht mit auf den Weg gegeben wurden, jedoch mit blitzschnellen und harten Schlägen der scharfkantigen Schalen.

Blatten Sie nur einmal spaßeshalber im Sommer an einer noch ungemähten Wiese oder an einer anderen Stelle, an der ein Kitz abgelegt sein könnte, mit dem Kitzfiep. Schon kurze Zeit später werden Sie es im Bestand brechen und knacken hören. In rasendem Lauf, keuchend vor Angst und Anstrengung, wird alsbald die Ricke erscheinen, um in mütterlicher Sorge nach ihrem Nachwuchs zu sehen.

Und wer schon einmal beobachten konnte, wie eine Ricke, immer wieder vorsichtig sichernd und verhoffend, sich ihren im hohen Gras abgelegten Kitzen nähert und diese sich dann nach leisen, Gefahrlosigkeit versprechenden Fieplauten der Mutter an diese drängen, dem wird das Herz weich. Mit großen Lichtern drängen die weiß Betupften an die Spinne, um möglichst viel von der Kraft spendenden, süßlichen Milch zu erlangen. Die Ricke bewindet das eine, dann das andere, leckt beide intensiv ab, denn auch Körperpflege will früh gelernt sein und festigt den familiären Verbund. Man kann sich eben »besser riechen«. Dabei hebt sich abwechselnd der eine oder der andere Hinterlauf, um den Zugang zur heiß begehrten Milchquelle zu erleichtern. Nach diesem

Energietrunk geht es dann mit wilden Bocksprüngen, manchmal noch ein wenig staksig und unbeholfen, im Kreis um die Mutter herum.

Wer solch einen Anblick nicht genießen kann, sollte auch die Finger von der Jagd lassen. Denn die Freude über die Einblicke, die wir als Jäger in die Abläufe und die Geschehnisse der Natur tun dürfen, macht doch einen großen Teil unserer Jagd bei Pirsch und Ansitz aus. Und derselbe Jäger ist es, der im Frühling die in der aufgehenden Sonne herumtollenden Kitze mit milden Augen sowie einem Lächeln auf den Lippen beobachtet und im späten Herbst und Winter den Lauf seiner Büchse auf ebendiese richtet. Doch auch dies passt zusammen, auch dies gehört zur Jagd, zum Waidwerk.

Auch in der übrigen Natur finden wir die höchste Sterblichkeit in der Jugendklasse, und naturnahes Jagen heißt, sich diesen Abläufen anzupassen. So habe auch ich mich immer wieder stark dem Kitzabschuss gewidmet und war immer wieder irritiert durch das unterschiedliche, nicht vorhersehbare Verhalten der Ricken.

Ich entsinne mich an Schüsse, die die Rehgeiß nur kurz aufwerfen ließ, um dann neben dem noch schlegelnden Kitz in aller Ruhe die Äsung wieder aufzunehmen. Eine andere Ricke zog kurz nach dem Schuss teilnahmslos an dem bereits verendeten Kitz vorbei und nässte keine zwei Schritte entfernt davon.

Wir Menschen betrachten solche Verhaltensweisen kopfschüttelnd und verständnislos. Gibt es Trauer und Anteilnahme nur bei unserer eigenen Art?

An dieser Stelle sei über ein anderes Erlebnis berichtet, das mir das Herz krampfen ließ und mir eine Gänsehaut über den Rücken jagte.

Wieder war es später Herbst. Ich saß auf einer Kanzel vor einer großen Wiese, links von einer Neuanpflanzung, vor mir von Hochwald umsäumt und durchzogen von einem kleinen Bach. Aus eben dieser Neuanpflanzung zog eine Ricke mit zwei Kitzen, begleitet von einem Schmalreh, auf die Wiese. Alle begannen begierig zu äsen und zogen auf Büchsenschussweite an die Kanzel heran. Zum Abschuss wählte ich naturgemäß das schwächere Rickenkitz aus. Der Schuss mit der 9,3 riss das schwache Stück von den Läufen, während der Rest des Familienverbandes Richtung Kulturverjüngung flüchtete. Während Schmalreh und Bockkitz mit wippenden Spiegeln zwischen den Randbüschen verschwanden, stoppte die Ricke am Bestandesrand und äugte wieder zurück. Sie begann zu schrecken, zog am Rand der Dickung hin und her. Dann näherte sie sich im Stechschritt, fortwährend schreckend, dem verendeten Kitz, näherte sich, umkreiste es und – berührte es mit dem Windfang.

Dann ein einziger, tiefer, entsetzter Schreckenslaut, besser: ein Aufschrei. Die Ricke flüchtete die 80 Meter bis zum Einwechsel mit gesträubtem Spiegel. In der Dickung wieder Schrecken. Dann folgte die von mir bereits herbeigesehnte Stille. Plötzlich, ich wollte gerade abbaumen, trat ein Stück Rehwild aus dem Hochwald aus und zog schnurstracks auf das frei liegende Kitz zu. Mein Gott, wieder die Ricke! Nochmals umkreiste sie ihren Nachwuchs, den sie seit Monaten geleitet und geschützt hatte, wieder senkte sich der Windfang, wieder ein gequälter, zu Herzen gehender Laut.

Ich hielt es auf meiner luftigen Warte nicht mehr aus. Als ich die Wiese betrat, flüchtete die Ricke wieder in die Neuanpflanzung. Schnell nahm ich das Kitz auf und trug es Richtung Auto. Hinter mir ertönte weiterhin das Schrecken der Ricke. Doch, das ist Trauer, ist Mutterliebe. Aber es ist auch das Gesetz vom Leben und Sterben, es ist die Natur, es ist Jagd und Waidwerk.

Von Sauen und anderen Nachtgespenstern

Sternklare Mondnächte, knirschender, gleißender Schnee, ansonsten erstarrte, ruhende Natur. Kaum ein Geräusch durchdringt die Stille. Das Auge wandert über die weiße Pracht, versinkt in der Weite und Unendlichkeit der strahlenden Sterne. Wünsche und Träume begleiten die plötzlich über den Himmel dahinrasenden Sternenschnuppen. Unwillkürlich richtet sich der Blick auf den runden, vollen Erdtrabanten. Dunkle und helle Konturen lassen Krater und Gebirge erahnen, lassen Spielraum für die Fantasie. Leider haben solche Winternächte in unserem Schleswig-Holstein eher Seltenheitswert.

Meist kann der Mond die schwarze Nacht nur kurze Zeit durch die sturmgepeitschten Wolken erhellen, oder er ist gar vollständig verdeckt. Auch der Schnee macht sich eher rar und wandelt sich zwischen Nord- und Ostsee heimtückisch in ergiebigen Regen.

Insofern stellen die Schneetage und vor allem die -nächte Highlights im jagdlichen Jahr dar, deren Faszination man sich kaum entziehen kann und die mir das eine oder andere spannende jagdliche Erlebnis beschert haben. Und rundet sich der Mond zur vollen Scheibe, reicht häufig schon das fahle Licht, das durch die Wolken dringt, um den schneelosen Erdengrund zumindest so weit auszuleuchten, dass man auf Fuchs und Sau jagen kann. Ich jedenfalls möchte die durchwachten und durchlebten Mondnächte, die ich auf Pirsch oder Ansitz verbracht habe, nicht missen und freue mich auf die hoffentlich vielen, die mir noch vergönnt sein werden. Denn nichts lässt meinen Adrenalinspiegel schneller steigen, das Herz heftiger pochen als der leise heranschnürende Fuchs oder die vertraute und damit ungeniert vernehmlich anwechselnde Rotte Sauen.

Fuchs und Fußsack

Der Januar des Jahres 1985 bescherte uns einige aufeinander folgende Schnee- und damit Highlighttage. Schon Tage vorher härtete starker Frost Äcker und Wiesen, und ein kalter Nordost ließ die Augen tränen, das Gesicht erstarren. An einem Abend legte sich der Wind, Wolken türmten sich am Horizont, und weicher wurde die Luft. Es roch nach Schnee, und er kam. Erst in einzelnen kleinen Flocken, dann immer dichter werdend überzuckerte er die Landschaft. Am nächsten Morgen dann hatte Frau Holle Felder und Fluren mit einem prachtvollen weißen Gewand ausgestattet.

Natürlich war Abfährten angesagt, und voller Erwartung stapfte ich durch den immerhin knöcheltiefen Schnee. Was würde mir der weiße Leithund offenbaren? Doch schon bald fühlte ich mehr und mehr die Enttäuschung in mir aufsteigen. Keine Rotte Sauen hatte den Schnee durchpflügt, keine Fuchsspur durchkreuzte meinen Weg, nicht einmal Rehe oder Hasen hatten ihr nächtliches Tun im Schnee verraten. Das Revier schien wie ausgestorben.

Nur der leise murmelnde Bach und der laute, äußerstes Missfallen ob der Störung ausdrückende Schrei eines abstreichenden Fischreihers durchbrachen die Stille. Später belehrte mich der Jagdherr, dass das meiste Wild nach dem ersten Schneefall die schützende Deckung so lange nicht verlässt, bis Äsungsmangel oder andere Gründe es dazu zwingen. Ob die Tiere ahnen, welch verräterische Spuren sie hinterlassen? Auf jeden Fall fand ich diese These in den folgenden Jahren immer wieder bestätigt.

Die Kälte der nächsten 24 Stunden ließ den Schnee schnell verharschen, und das morgendliche Abspüren führte endlich zum Erfolg. Kreuz und quer waren Damwild und Rehwild durch die Feldmark gezogen und hatten sich am Raps oder auf den Wiesen die Äsung freigeschlagen. Und endlich, an einem Graben, der eine feuchte Wiese durchzog, fand ich sie, die erste Fuchsspur, keine 30 Meter von einem im Knick stehenden Hochstand entfernt. Ein Stückchen weiter stieß eine zweite, stärkere Spur dazu, die von der anderen Seite der Wiese kam. Ja, hier hatte der zweite Fuchs den Graben übersprungen und seinen Weg neben der Spur des ersten fortgesetzt.

Diese Stelle erschien doch außerordentlich viel versprechend. Auch der in Schrotschussweite platzierte Hochstand ließ bereits Blütenträume reifen und die Entscheidung über den nächtlichen Ansitzplatz leicht werden. Der wolkenlose Himmel ließ keinen Schneefall erwarten, so säuberte ich bereits jetzt meinen nächtlichen Aufenthaltsort von Schnee, Zweigen und Laub, um bei der erwarteten Begegnung mit dem Rotrock ja keine Geräusche im falschen Moment zu verursachen. Jedoch kamen mir bei dieser Tätigkeit, die meine Finger innerhalb kürzester Zeit vor Kälte erstarren ließen, erste vage Zweifel, ob ich denn das nötige Sitzfleisch, sprich Durchhaltevermögen, aufbringen könnte.

Sorgen- und gedankenvoll trat ich den Heimweg an. Einen alten Schlafsack hatte ich ja noch. Doch würde dieser mich für einige Stunden, vielleicht die ganze Nacht ausreichend gegen den Frost schützen können? Ich wusste ja nicht, wann der rote Freibeuter zum Rendezvous eintreffen würde – wenn er denn überhaupt kam. Ich war jedoch zum Äußersten entschlossen, handelte es sich doch um meinen ersten möglichen Winterfuchs.

Da fielen mir die Erzählungen meines Großvaters ein, und schon kurz darauf fand ich mich zum ausführlichen Interview beim ihm ein.

»Einen Ziegelstein musst du nehmen. Vorher schön heiß machen und dann an die Füße«, lautete die Auskunft.

Gesagt, getan! Am frühen Abend erwärmte ich einen solchen, umwickelte ihn mit einem Lappen, und gegen 20.00 Uhr ging es ab Richtung Hochstand. Dort angekommen, munitionierte ich den Drilling auf, stellte ihn in die Ecke, steckte den im Rucksack mitgeführten, wohlige Wärme ausstrahlenden Ziegelstein in den Schlafsack und ließ die Füße, natürlich ohne die Fellstiefel, folgen. Tief schob ich mich in den Daunensack ein und fühlte mich für die nächsten Stunden wohl gerüstet.

Stunde um Stunde verging, kaum ein Geräusch durchdrang die kalte, klare Winternacht. Die Sinne stumpften mit Fortschreiten der Nacht immer mehr ab. Während die Füße trotz des langsam erkaltenden Steins – es war immerhin gegen 23.00 Uhr – noch keine gravierenden Kälteeinbrüche hatten hinnehmen müssen, schien die Wärmezirkulation in Höhe der Knie deutlich nachzulassen. Also die Wärmequelle eine Etage nach oben geholt und auf die Knie gelegt. Diese Aktion liest sich jetzt leichter als sie eigentlich war, denn jede Bewegung verursachte ein weithin hörbares Knacken des in der Kälte erstarrten Hochsitzes.

Kaum waren die Korrekturarbeiten an der Wärmeisolierung beendet, entdeckte ich eine Bewegung am Grabenrand. Heiliger Hubertus! Soeben schoben sich die Gehörspitzen eines Fuchses über dessen Rand, und mit einem Satz zeigte er sich auf Schrotschussweite in seiner ganzen Pracht. Unendlich langsam bewegte ich mich vor, um nach dem Drilling zu greifen, während Reineke breit ziehend eine nicht erkennbare Spur bewindete. Hitze stieg in mir auf, das Herz raste.

Voll auf meine Beute konzentriert, vergaß ich während meiner gymnastischen Übung jedoch meinen Ziegelstein, der im selben Moment, in dem die Hand die Waffe umfasste, sein ausbalanciertes Gleichgewicht verlor und in der Tiefe des Schafsacks auf meine Füße stürzte.

Sowohl der dumpf schallende Aufprall als auch mein leiser Aufschrei ließen meinen Kontrahenten nicht unbeeindruckt. So plötzlich, wie er am Graben erschienen war, so blitzschnell entzog er sich auch wieder meinen Blicken. So gestaltete sich im wahrsten Sinne des

Wortes der Ausklang meiner ersten winterlichen Fuchsjagd, wobei, das sei abschließend angemerkt, der Seelenschmerz ob der entgangenen Beute die Schmerzen meiner lädierten Füße und Zehen bei weitem überstieg.

Achtung Flugalarm

Zu den markantesten und gleichzeitig geheimnisvollsten Nachtgespenstern unserer heimischen Reviere zählen auf jeden Fall die Fledermäuse und Eulen.

Wer den anmutigen, lautlosen Flug der Minivampire mit ihren akrobatischen Einlagen jemals beobachten durfte oder sie gar in ihren Tagesverstecken hängenderweise betrachten konnte, muss zwangsläufig von dieser Spezies fasziniert sein.

Schon als kleiner Steppke trieben mich meine tierfängerischen Ambitionen dazu, einen dieser Nachtsegler zu überlisten und einzufangen. Ich bekam den sicherlich nicht ganz ernst gemeinten Rat, zu diesem Zweck einen Hut in die Luft zu werfen. Die Fledermaus würde in das Hutinnere fliegen, damit zu Boden fallen und somit in meine Reichweite gelangen. Die unzähligen Wurfversuche zwischen die damals noch zahlreich in der Dämmerung umherfliegenden Insektenjäger erbrachten jedoch außer einem zerbeulten Hut und einem lahmen Arm keine weiteren Resultate.

Heute begnüge ich mich damit, um und in Haus und Hof verschiedenste Unterschlupfmöglichkeiten zu schaffen. Die Fledermäuse danken es mir an vielen Abenden bis spät in die Nacht hinein mit ihren wunderschönen Flugbildern.

Auch den Eulen haftet etwas Mystisches, Unheilverkündendes und Geheimnisvolles an. Wer das erste Mal den Schrei des Waldkauzes während der Uhlenflucht erlauscht, ist versucht, selbst die Flucht zu ergreifen, so markerschütternd und Furcht einflößend klingt die eigentlich dem Liebeswerben und der Revierbestimmung dienende Melodie. Nun ja, man ist schließlich keine Waldkäuzin. Doch es ist für mich schon nachvollziehbar, dass der Ruf des Käuzchens in vergangenen Zeiten als Todeskünder galt. Und ich gebe es offen zu: Obwohl ich um die Natürlichkeit dieser Dinge weiß, überkommt mich noch heute ein leichter Schauer, sooft dieser Ruf durch den dunkelnden Wald klingt. Doch ein solches Gefühl gehört zu dieser Stimmung, dieser Atmosphäre, die aus der Jagd erst das macht, was sie ist, ein Sich-einvernehmen-Lassen von der Natur. Es wäre unendlich traurig, erlösche einer der letzten archaischen Rufe unserer ach so zivilisierten Wildnis.

Doch auch hier können wir als Jäger einen großen Beitrag zur Erhaltung durch das Ausbringen und die Betreuung entsprechender Nisthilfen leisten. Und dass auch die Begegnung mit Eulen den Ansitz zu einem krönenden Erlebnis werden lassen können, möchte ich an zwei Begebenheiten belegen.

Ein lauer Sommerabend fand mich auf einem Hochsitz nahe des Waldes. Dazwischen lag eine abgeerntete, vorher mit Wintergerste bestandene Koppel. Mein Sinnen und Trachten galt einem schwachen Jährlingsbock, der hier seinen regelmäßigen Auswechsel haben sollte. Ein angebundener Bock also. Doch an diesem Abend schien er sich eines Besseren besonnen zu haben, denn die Bühne blieb, zumindest in rehjägerischer Hinsicht, leer. Dafür schnürte auf ca. 50 Meter eine Fuchsfähe kreuz und quer, in bester Suchenmanier, über das Feld, um sich der Mäusejagd zu widmen. Die Aufzucht ihrer Welpen hatte deutliche Spuren hinterlassen. Sie erschien abgekommen, und der Balg wirkte struppig und schütter. Ich unterließ den Schuss und gönnte ihr die Appetithappen. Dafür erhielt ich als Gegenleistung einen Intensivkurs in Sachen Mäusejagd. Plötzliches, steifbeiniges Verhoffen, ein Riesensatz nach vorn, wobei die Rudimente der einst so buschigen Lunte wild nach allen Seiten schwenkten, und schon stieß der Fang zwischen die Gerstenstoppeln. Die Maus zappelte im Fang, ein kurzes Nachfassen, ein Schlucken, und schon war die Beute verschlungen.

Während dieses interessanten Schauspiels war es merklich dunkler geworden. Die breit ausladenden Kronen der Randbäume warfen erste Schlagschatten auf das Feld. Ich begann leise zu mäuseln, um die Fähe dichter an den Hochstand zu locken. Diese warf kurz auf, sicherte zu mir herüber, setzte jedoch ihre jagdliche Tätigkeit mit gleicher Intensität an Ort und Stelle fort, getreu nach dem Motto: »Warum in die Ferne schweifen, wenn das Gute ist so nah!«

Dafür fiel ich jedoch fast vom Hochstand, als plötzlich eine Schleiereule direkt vor meinen Augen auf der Brüstung aufhakte. Mit lautlosem Flug war sie allem Anschein nach von unten – Autofahrer sprechen vom toten Winkel – herangeschwebt, um sich das in luftiger Höhe sitzende, laut mäuselnde Nagetier einzuverleiben. Mit großen Augen starrten wir uns gegenseitig an, sie, gleichzeitig sowohl fasziniert als auch erschreckt auf die Riesenmaus blickend, ich, genauso fasziniert, wahrscheinlich aber mehr erschreckt, auf das weiße Gesicht dieser zum Greifen nahen, wunderschönen Eule. Als ich dann als ungenießbar und zumindest für einen Eulenschnabel als unzerlegbar eingestuft worden war, schwang sie sich genauso geräuschlos wieder in die Lüfte, um den Hochstand mehrfach zu umkreisen.

Ich begann wieder zu mäuseln, worauf die Eule sofort wieder näher kam und auf einem der Äste der Eiche, in die der Hochstand hineingebaut war, aufhakte. Keine drei Meter von mir entfernt, drehte sie den Kopf wild in alle Richtungen, schob sich nach links und rechts. Nach kurzer Zeit folgte dann der nächste Aufklärungsflug in Form weiterer Umkreisungen. Noch dreimal wiederholte sich dieses Spektakel, bis die Eule schließlich einsah, dass dieser Supermaus nicht beizukommen war. Tief beglückt über dieses einmalige Erlebnis trat ich den Heimweg an.

Wer nun meint, es handele sich bei dem eben Geschilderten um eine einzigartige, einmalige Begebenheit, der lese bitte Folgendes: Der Dezembermond bescherte uns, in Schleswig-Holstein kann man dann, wie gesagt, wirklich von einer Bescherung im weihnachtlichen Sinne sprechen, einige kalte Tage und etwas Schnee.

Beim Abspüren entdeckte ich entlang der Eiderwiesen, die in diesem Teil der Jagd unsere Reviergrenze bildete, die nagelfrischen Fährten einer durchgewechselten Rotte Sauen. Hier und da hatten sie im moorigen Boden gebrochen, dabei Schnee, Grassoden und Moorerde zu einem breiigen Matsch vermengt, der noch nicht wieder angefroren war.

In der vagen Hoffnung, die Sauen würden denselben Rückwechsel wählen, nahm ich mir für den Abend einen Ansitz in diesem Terrain vor. Bereits gegen Mittag fiel jedoch das Barometer, der Wind drehte, und Tauwetter setzte ein, wenn auch anfangs noch zögerlich. Der schlechte Wind, der von der Anhöhe, die ich für diesen Abend ausgewählt hatte, direkt in die Wiese hinein zog, erforderte eine sofortige Korrektur des ausgearbeiteten Planes. Mangels einer anderen Deckung richtete ich mir deshalb am Nachmittag einen kleinen Schirm direkt neben einem dicken Strommast aus Beton ein. Abends bezog ich dann mein Provisorium mit recht gemischten Gefühlen, da das Weiß des Schnees an vielen Stellen bereits von dunklen Flecken durchzogen war. Doch wie heißt es so schön: »Nur der Jäger unverdrossen hat so manchen Hirsch geschossen.«

Vielleicht handelte es sich ja diesmal um ein wildes Schwein. Bereits nach einer knappen Stunde zogen zwei Damhirsche vom 5. oder 6. Kopf und exzellenter Schaufelbildung auf vielleicht 60 Meter an mir vorüber, nach den Rivalitäten der Brunft jetzt in der Winterzeit wieder friedlich vereint.

Und wieder war es ein Fuchs, der die nachfolgende Kette von Ereignissen auslöste. Breit schnürte er in seinem dichten Winterbalg außerhalb der Reichweite meiner Büchse vorbei. Aufgrund der immer schlechter werdenden Schnee- und damit Lichtverhältnisse musste er auch gleich meinen sehnsüchtigen Blicken entschwunden sein. Ich griff tief in die Trickkiste und blies auf der hohlen Faust das Lied vom Hasentod.

Ob mir die Töne wirklich so dramatisch realistisch gelangen oder ob ihn der blanke Hunger trieb, weiß ich nicht. Den Rotrock riss es jedenfalls auf der Hinterhand herum, und in großen Sätzen näherte er sich meinem

Schirm. Schon lag der Drilling im Anschlag, um bei der kleinsten Wendung die groben Schote auf den roten Balg versenden zu können. Doch urplötzlich vollführte er aus dem vollen Lauf eine Vollbremsung und flüchtete mit wehender Lunte in die entgegengesetzte Richtung. Wind konnte er nicht bekommen haben, auch der Mond reflektierte sich nicht im Okular, da er sich, wie so häufig, hinter Wolken verschanzt hatte. Für mich war die Sache unerklärlich. Da überkam mich ein eigentümliches Gefühl.

Kennen Sie das? Sie gehen hinter einem anderen, vielleicht völlig unbekannten Menschen und richten Ihren Blick starr auf dessen Genick. Da dreht sich der- oder diejenige auch schon suchend und fragend um.

Genauso erging es mir. Der Rundumblick ergab keine neuen Erkenntnisse, die Unruhe blieb. Eher zufällig richtete ich meinen Blick nach oben und erschrak zutiefst. Völlig lautlos stand ein riesengroßer Uhu keine vier Meter über mir und rüttelte auf der Stelle. Erst meine ruckartigen Bewegungen ließen ihn erkennen, dass die Sache mit dem schmackhaften Hasenbraten nur fingiert war, und er drehte schleunigst ab. Er war es auch gewesen, der den Fuchs zu seiner panikartigen Flucht veranlasst hatte, und ich hatte von den Geschehnissen ein Stockwerk über mir nichts bemerkt, da ich so vollständig auf den roten Freibeuter fixiert war. Sie mögen mir glauben, dass ich dieses Bild des klafternden Uhus so dicht über meinem Kopf nicht vergessen werde.

Mitten in der weitläufigen Feldmark, von Äckern und Dauerweiden umgeben, liegt wie eingesprengt ein vielleicht 2000 Quadratmeter großes Waldstück. Während der Flurbereinigung wegen der starken Hanglage als nicht ackerbar eingestuft, wurde dieses Fleckchen Erde mit Lärchen bepflanzt, die in der Zeit meines jagdlichen Treibens bereits oberschenkelstarke Stämme entwickelt hatten. Dornen und Brombeeren ergriffen zwischen den Bäumen Besitz von diesem vergessenen Winkel, umrankten die emporstrebenden, hochschäftigen Lärchenstämme und schafften somit ein kaum zu durchdringendes Refugium für das Wild.

In den Hang hinein gruben Kaninchen einen Bau neben den anderen, schlüpften unter dem Dornenverhau hin und her und waren weder aus der Luft noch von haarigen Schleichern zu erbeuten. Dann zog das Gespenst der Myxomatose durch das Revier und rottete die grauen Flitzer mit Stumpf und Stiel aus. Doch nicht lange dauerte es, bis Dachs und Fuchs die verwaisten Bauten entdeckten und zum neuen Domizil erkoren. Mich zog dieses ein wenig verwunschen wirkende Wäldchen von jeher magnetisch an. Hier fing ich mein erstes Hermelin in einem eigentlich dem Marder zugedachten Abzugseisen.

Fast einen Monat raubte dieses Großwiesel ungeniert die ausgelegten und präparierten Eier. Jedes Mal schlugen die für solch einen kleinen Räuber viel zu hohen Eisenbügel der Falle über ihn hinweg, ohne dass es ihn irgendwie berührte oder bekümmerte. Nur ich stand jeden Tag ratlos vor der geplünderten Falle und knirschte mit den Zähnen, während sich zu Hause meine Mutter über den hohen Eierkonsum wunderte. Immer feiner und empfindlicher stellte ich die Stellschrauben, bis es den immer dreister werdenden weißen Räuber endlich erwischte. Heute ziert er, durch einen viel zu früh verstorbenen Meister seiner Kunst präpariert, meinen Schreibtisch.

Doch ich wollte ja über die Füchse berichten. Es war Januar und damit Ranzzeit. Feinste Schneekristalle hatten die gefrorene Erde leicht überzuckert. Was lag also näher, als dem Lärchenwäldchen einen Besuch abzustatten und auf zuwechselnde Füchse zu hoffen. Ein sternenübersäter Himmel erhellte die kalte Nacht. Ob wohl ein anderer Jäger in irgendeinem anderen Teil des Universums im selben Moment das Sternenmeer und damit vielleicht unser Sonnensystem betrachtete?

Diese und ähnliche Gedanken gingen mir durch den Kopf, als ich mit meinem Auto in die Plattenstraße einbog und mit dem Fernlicht den Weg vor dem Waldstück ausleuchtete.

Da saß doch etwas auf einem Zaunpfahl! Richtig, zwei große Augen reflektierten das Autolicht und starrten unbeweglich in meine Richtung. Licht ausschalten, Motor abstellen und den Drilling von der Rückbank angeln waren eins. Schon stand ich neben meinem vierrädrigen Gefährt und betrachtete die Katze, denn als solche konnte ich diese durch das sechsfache Zielfernrohr auf etwa 30 Meter unschwer identifizieren. Schon war die Waffe entsichert, und der Finger lag am Abzug. Doch ich zögerte. Warum verließ dieser verwilderte Stubenkater nicht seine hohe Warte und flüchtete zurück in die schützenden Brombeeren? Denn mein lärmender, motorisierter Anmarsch konnte nicht unentdeckt geblieben sein.

Da erst nahm ich den Schatten wahr, der eine Etage tiefer den Zaunpfahl umkreiste. Ein Fuchs, wahrhaftig ein Fuchs belagerte den krallenbewehrten Mäusejäger und ließ sich auch von mir dabei nicht im Entferntesten stören. Still und stumm zog er seine Runden, den Fang starr nach oben gerichtet.

Dass Katzen durchaus in das Beuterepertoire von Füchsen gehörten, war mir aus Erzählungen und Lehrbüchern zwar bekannt, miterlebt, und dann auch noch so hautnah, hatte ich es bisher aber nicht.

Für einen Moment nahm ich diesen Anblick in mich auf, ließ ihn Eingang finden in den Schatz meiner Erinnerungen, dann krümmte sich der Zeigefinger der rechten Hand. Ein greller Blitz und ein lauter Knall begleiteten den Weg der Vier-Millimeter-Schrote, die der Belagerung ein abruptes Ende setzten. Mit einem riesigen Satz überflog die Katze ihren nunmehr kampfunfähigen Widersacher und war im selben Moment im Lärchenwäldchen verschwunden.

Langsamen Schrittes ging ich auf den starken Fuchsrüden zu, der mit offenem Fang lang ausgestreckt auf dem Weg lag. Eben noch selbst von dem Drang erfüllt, Beute zu schlagen, war er nun selbst Opfer geworden.

Die Katze erbeuteten wir übrigens 14 Tage später mittels einer Baujagd. Ein Teckel revidierte den Bau, während wir Jäger die kleine Waldparzelle umstellten. Wie ein Blitz schoss der verwilderte Kater aus dem Loch und floh durch die Beine des direkt vor diesem postierten Jägers. Dessen vor Schreck auf kürzeste Distanz abgefeuerte Schrotgarbe verletzte glücklicherweise weder die Fußspitzen des Jägers noch den Kater. Dieser zeigte sich jedoch zumindest insoweit beeindruckt, als er auf der nächsten Lärche aufbaumte. Diesmal erwies sich diese Strategie jedoch als weniger erfolgreich.

Fuchs und Sau

Die Möglichkeit, beide am selben Ort anzutreffen, ist so unwahrscheinlich gar nicht, bevorzugen sie doch häufig denselben Wechsel und nutzen den gleichen Einstand. In den Achtzigerjahren kam Schwarzwild in unserer Bauernjagd jedoch nur als seltenes Wechselwild vor, sodass allein die Fährte dieser urwüchsigen Tiere die Jägerschaft in helle Aufregung versetzte.

So erinnere ich mich noch sehr genau an ein Ereignis, das in die Anfänge meiner jagdlichen Umtriebe zurückgeht. Ich befand mich an einem Abend im Frühsommer mit meinem Jagdherrn auf einer Pirschfahrt, als scheinbar unbekümmert und guter Dinge ein wildes Schwein über eine Wiese wechselte, um kurz darauf in einem Rapsschlag zu verschwinden. Mir klappte die Kinnlade herunter, und ich stieß meinem Beifahrer aufgeregt mit dem Ellenbogen zwischen die Rippen. Der hatte jedoch während dieser entscheidenden Augenblicke in die andere Richtung geblickt und davon überhaupt nichts mitbekommen.

Als ich ihm aufgeregt berichtete und auf die nun leere Bühne wies, lächelte er nur mitleidig und tat dies als Halluzination ab. Ich jedoch fühlte mich damals in meiner Jägerehre schwer getroffen. Kam dann doch, meist durch einen glücklichen Zufall, eine Sau zur Strecke, folgte ein ausgelassenes Leberessen. Dieses diente wiederum als Grundlage für ein konsequentes und mit größter Ernsthaftigkeit betriebenes Tottrinken der seltenen Beute. »Damit das Schwein nicht mehr wegläuft.«

Nun, dieses Ziel wurde meines Wissens auch immer erreicht, doch mit dem Laufen hatte auch so mancher Waidmann nach Ende dieser Zeremonie so seine Schwierigkeiten.

Da ich selbst so gar keinen Geschmack an der sicherlich raffiniert zubereiteten Leber finden konnte, verschaffte ich mir die notwendige Grundlage für die anschließenden Kornrunden meist schon zu Hause durch ein üppiges Abendbrot und begnügte mich beim eigentlichen Leberessen dann mit dem Kartoffelmus und den Zwiebelringen. Dabei erlebte ich jedoch auch einmal einen gründlichen Reinfall. Wieder einmal stand ein Leberessen bevor, wieder leerte ich im Vorwege den mütterlichen Kühlschrank. Beim glücklichen Erleger und Gastgeber angekommen, servierte die treu sorgende Jägersfrau jedoch statt der wenig geliebten Leber Schweinefilet vom Feinsten, das ich jedoch nur sehnsuchtsvoll bestaunen und betrachten konnte, denn der Magen war schlichtweg voll.

Die Explosion der Schwarzwildbestände blieb auch für unser Revier nicht ohne Bedeutung, und die Fährtenbilder der schwarzen Ritter gehören heute in die Kategorie »unter ferner liefen«.

Zurück in die Achtziger: Ich hatte im Hochwald, an den, durch einen Wall getrennt, eine Lärchenschonung angrenzte, einen Luderplatz angelegt, der in schönster Regelmäßigkeit vom Fuchs frequentiert wurde. Ich wartete nur auf den Mond und bei viel Glück auf ein wenig Schnee, um dem roten Freibeuter auf den Winterbalg rücken zu können.

Die nächste Kontrolle des Luderplatzes, den ich liebevoll mit den sterblichen Überresten geschlachteter Kaninchen bestückt hatte, brachte dann die große Überraschung. Der Luderplatz wirkte buchstäblich auseinander genommen. Rundherum regelrecht umgepflügte Erde, kleine und große Schalenabbrüche, etliche Stämme als Malbäume missbraucht. Sauen – eine ganze Rotte – hatten sich hier in der vergangenen Nacht verlustiert. Also flugs nach Hause, etwas Mais geholt und den Luderplatz um eine Kirrung erweitert.

Leider ließen weder die Lichtverhältnisse noch der vom Hochstand direkt auf den Luderplatz zustreichende Wind einen Ansitz zu, sodass ich vorerst nur auf den neuen Tag warten konnte, um zu sehen, welche Nachtgespenster den Wald wieder unsicher gemacht hatten. Und siehe da, alle waren sie wieder da gewesen. Ungeniert und hemmungslos hatte die Rotte unter den hohen Buchen gewütet. Ob sich auch Freund Rotrock unter den Besuchern befunden hatte, war nicht mehr feststellbar, zumindest war der Luderplatz ratzekahl leer geputzt.

Kurz nach Mittag drehte dann der Wind, spürbar sank die Temperatur, und dunkle Wolken türmten sich dunkel und drohend, für mich jedoch eher verheißungsvoll, am Horizont auf. Kurz darauf klatschten große nasse Schneeflocken auf die Erde, die aber auf dem noch nicht gefrorenen Erdboden sofort ihre weiße Pracht verloren und als Wasser versickerten. Doch immer heftiger wirbelten die Flocken zu Boden und bildeten die so wichtige weiße, feste Schneedecke, wobei die

Temperatur beharrlich kurz über dem Gefrierpunkt blieb.

Erwartungsvoll strebte ich gegen 20.00 Uhr dem Hochstand zu. Wassertropfen perlten an den kahlen Ästen und Zweigen, überall gluckste das Wasser, taute der Schnee. Verzweifelt richtete ich ein Stoßgebet gen Himmel, dass der Schnee zumindest diese Nacht noch liegen bleiben möge, um mir das so wichtige Schusslicht zu liefern. Leise baute ich auf, richtete mich in der Kanzel gemütlich ein und lauschte dem Plätschern des Wassers.

Nach längerem Warten wechselte ein verdächtig langer Schatten von links auf den Luderplatz zu und verhoffte direkt vor der Kanzel, eine gute Schrotschussweite entfernt. Sollte ich schießen oder nicht? Mein eigentliches Sinnen und Trachten galt doch den Schwarzkitteln, und ein Schuss würde sie unweigerlich vergrämen. Glücklicherweise enthob mich der Fuchs weiteren Überlegens, da er, ohne vom Luderplatz überhaupt Notiz zu nehmen, weiterschnürte und rechts von mir im Waldesdunkel verschwand.

Ich haderte mit mir selbst. Wie konnte man eine derartig gute Gelegenheit so nutzlos verstreichen lassen? Wer wusste denn, ob die Rotte sich überhaupt noch in unserem Revier aufhielt. Und wenn sie nicht kam, dann blieb der Rucksack völlig leer. Und wie heißt es doch: »Lieber den Spatz in der Hand als die Taube auf dem Dach!«

Jetzt war ich finster entschlossen. Sollte der Fuchs sich nochmals zeigen, würde ich schießen. Und er zeigte sich, schnürte jetzt von rechts nach links, verhoffte wieder, äugte, Geschmacksfäden ziehend, Richtung Luderplatz und strebte diesem auf direktem Wege zu.

Schon richtete sich der Lauf der 9,3 x 62 auf den dunklen Schatten. Das achtfache Zielfernrohr zeigte auf diese kurze Entfernung jede Einzelheit, und als der Fuchs breit trat, brach der Schuss.

Mit einem Riesensatz, einem Hechtsprung par excellence, verschwand der Beschossene hinter einem Baumstubben. Kurz war noch ein leises Rascheln zu hören. Ruhe. Er lag. Er musste einfach liegen, denn eine weitere Flucht wäre mir sicherlich nicht entgangen. Oder doch? Wer kennt sie nicht, die leisen Zweifel, die zumindest mich jedes Mal überkommen, wenn das Wild nicht in Sichtweite liegt.

Ich wollte gerade den Ansitz verlassen, als ich plötzlich links neben mir aus einer Fichtenschonung lautes Knacken, Brechen und Quieken vernahm. Noch wenig erfahren mit dem Verhalten von Schwarzwild, vermutete ich erst, die Rotte Sauen – denn dass es sich nur um diese handeln konnte, war mir sofort klar – würde auf meinen Schuss hin ihr Heil in der Flucht suchen, und drohte mir selbst die härtesten Sanktionen aufgrund meines voreiligen Schusses auf den Fuchs an.

Doch, du liebe Güte, die Rotte wechselte ja auf mich, besser gesagt auf die Kirrung, zu. Erst spätere Erfahrungen in Vorpommern lehrten mich, dass nur eine vertraut sich nähernde Rotte einen derartigen Spektakel vollführt. Flüchtende Sauen dagegen scheinen über den Waldboden zu schweben, so leise verläuft der Abgang.

Schon war die Artillerie wieder in Stellung, als die ersten schwarzen Gesellen links von mir auftauchten, keine 80 Meter entfernt. Wild wuselte es durcheinander, Bachen, Frischlinge, Überläufer, eine gemischte Rotte von über 20 Sauen tummelte sich dort vor mir. Wie ein

Lämmerschwanz pendelte die Büchse hin und her, da ich versuchte, für eine schnellere Schussabgabe bereits durch das Zielfernrohr anzusprechen.

Wild pulste das Herz, schnell und stoßweise ging der Atem. Dies führte sofort zu einem beschlagenen Zielfernrohr. Verdammt! Erst einmal wieder absetzen, Taschentuch herausfingern und wischen. Schon hatte die ganze Gesellschaft sich wieder verschoben. Dieses Spielchen wiederholte sich noch dreimal, jedes Mal begleitet von wüsten Flüchen – natürlich nur gedachten – und heftigen Schweißausbrüchen.

Da, dieses Stück wies eindeutig einen Pinsel auf. Ein Überläuferkeiler! Jetzt nur nicht aus den Augen, besser aus dem Zielfernrohr verlieren. Er steht breit, die Waffe entsichert, ein leises Klicken beim Betätigen des Steckers. Einige Stücke werfen auf, mein Keiler natürlich auch, Blasen, die ersten Stücke wenden sich zur Flucht. Da bricht der erlösende Schuss. Blitzartig und völlig lautlos verschwindet die Rotte, leider auch der beschossene Keiler.

Zurück bleibt ein verunsicherter junger Jägersmann in völliger Unkenntnis darüber, ob er soeben sein erstes wildes Schwein erlegt hatte oder nicht.

Jetzt nur die Ruhe bewahren, hieß die Devise. Also eine Weile tief durchatmen, dann hinunter und nachgeschaut. Am Anschuss Schweiß wie ausgegossen. Auf dem letzten pappigen Schnee ließ sich die Todesflucht, denn eine solche musste es sein, gut verfolgen. Und dann fand ich ihn, verendet in dem Graben zur Lärchendickung. Wenig später nahm ich den ebenfalls von allen irdischen Nöten befreiten Fuchs auf und legte Strecke. Fuchs und Sau innerhalb von 10 Minuten. Die

Freude, die ich empfand, spüre ich noch heute, nach über 10 Jahren. Solche Nächte kann man nicht erzwingen, sie werden einem geschenkt und begleiten uns in der Erinnerung bis zum Lebensende.

Verkämpft, verheddert, verloren

Natur ist Leben, aber auch Sterben. Die Natur ist grausam, was wir häufig geflissentlich ignorieren. Wir gehen durch den ruhigen, idyllischen Wald und übersehen dabei den zähen Kampf der Bäume um das lebensspendende Licht.

Wir durchwandern das Moor, erfreuen uns an den bizarren Formen des Sonnentaus und denken nicht an die Fliege, die im Inneren dieser Fleisch fressenden Pflanze gerade lebendig verdaut wird. Wir durchstreifen die Wiesen, ergötzen uns am vielstimmigen Konzert der Vögel, schenken aber dem Wurm, der gerade mit einer Drossel um sein Leben ringt, kaum Beachtung. Natur ist Leben, aber auch Sterben, und wir sind ein Teil von all dem und werden, falls wir denn mit offenen Augen die Natur durchwandern, Zeuge vieler kleiner und großer Tragödien, die sich ständig um uns herum abspielen.

Doch all dies sind natürliche Abläufe, das immer währende Schauspiel vom Werden und Vergehen, notwendig für das Gleichgewicht der Natur.

Doch schon seit langem begnügt sich der Mensch nicht mehr mit der Rolle des stillen Beobachters. Er greift aktiv in die biologischen Prozesse ein, gestaltet und verändert die Umwelt auf vielfältigste Art und Weise, passt das Umfeld seinen Bedürfnissen und Planungen an. Den daraus resultierenden Scherbenhaufen, selbst fabriziert, haben wir täglich vor Augen. Wald- und Artensterben, das Ozonloch, verheerende Klimaveränderungen sind dabei nur einige »Highlights«.

Doch nicht diese globalen Katastrophenszenarien wollte ich in diesem Kapitel beschreiben, sondern sozusagen ganz persönliche Tragödien im Tierreich, die wir durch Gedankenlosigkeit, mangelnden Weitblick oder Nachlässigkeit selbst verursacht haben. Ich denke dabei an die Ente, die sich beim Gründeln den achtlos weggeworfenen Metallring einer Bierdose so unglücklich über den Schnabel stülpte, dass eine weitere Nahrungsaufnahme dadurch unmöglich wurde und sie elend verhungerte. Oder an den Jungfuchs, der sich in eine vermutlich verlockend duftende Plastiktüte einschob, sich darin hoffnungslos verwickelte und erstickte.

Ein Beispiel mangelnden Weitblicks erlebte und durchlitt ich selbst, und noch heute, über ein Jahrzehnt später, sträuben sich mir beim Schreiben dieser Zeilen die Nackenhaare: Eine Flugente, die ihren Namen zu Recht trug, war uns eines schönen Tages zugeflogen und lustwandelte um den am Haus gelegenen Teich herum. Mit viel List und Tücke, in Tierkreisen auch Gerste genannt, lockte ich dieses noch relativ unbekannte Flugobjekt in den Stall, stutzte die Flügel und konnte mich von da an als stolzer Geflügelbesitzer bezeichnen. Der Nachbar, dem diese Ente entflogen war, schenkte mir dann Emma, so hatte ich sie mittlerweile getauft, nachdem er von ihrem Verbleib erfahren hatte, sodass ich auch im rechtlichen Sinn Eigentümer wurde.

Emma zierte ein fast schwarzes Gefieder, leicht mit einigen weißen Federn durchsetzt, ein weißer Kopf und wunderschöne große braune Augen. Als weiterer Farbkontrast dienten die orangeroten Ruder und der gleichfarbige Schnabel.

Nachdem ein geeigneter und standesgemäßer Ehegatte, sprich Erpel, gefunden war, wartete Emma alljährlich mit einer stolzen Kinderschar von sechs bis 10 Jungenten auf und sorgte sich rührend um sie. Für die bis dahin erwachsen gewordenen Entenkinder endete der Lebenszyklus dann im Herbst mit einem für sie tragisch verlaufenden Schlachtfest. Emma jedoch blieb uns all die Jahre treu bis eben zu diesem verhängnisvollen Frühjahr.

Wie jeden Winter verbrachte Emma die kalten Monate im Stall. Ein jäher Kälteeinbruch ließ den Teich Mitte März nochmals gefrieren, und nur langsam taute das Eis an den Kanten ab, während sich in der Teichmitte die Eisschicht beharrlich hielt. Der lange Winter und der damit verbundene triste Stallaufenthalt hatten das Gefieder dreckig und stumpf werden lassen. Wärmende und viel versprechende Sonnenstrahlen drangen durch das Stallfenster, und ich entschloss mich, die Enten zum Teich zu lassen, um ein erstes ausgiebiges Bad zu nehmen. Diese Gelegenheit nahm Emma dann auch hocherfreut wahr, planschte an der Kante und schlug mit den Flügeln, dass die Wassertropfen, in der Sonne schwimmend, wie gleißende Funken die Luft erfüllten. Lebensfroh tauchte sie immer wieder in das lang entbehrte Nass und ich schaute entzückt diesem frohen Treiben zu.

Da stürzte sich Emma mit einem kühnen Satz vollends unter Wasser und schwamm, die Flügel wie Flossen benutzend, unter Wasser und damit aber auch unter die Eisdecke. Doch anstatt den 20 Meter breiten Teich zügig zu durchqueren, begann sie zu meinem Entsetzen im Kreis zu schwimmen, ohne das Eis zu verlassen. Ich stürzte mich in das Ruderboot und versuchte mit dem hölzernen Ruder die Eisschicht zu zerschlagen. Vergeblich. Immer engen wurden die Kreise meiner alten treuen Ente und immer langsamer die Flügelschläge, bis sie gänzlich endeten.

So schnell ich nur konnte, kämpfte ich mich zu dieser Stelle, durchschlug das Eis, und Emmas Kopf schnellte nach oben. Bis zuletzt hatte sie versucht, aus eigener Kraft diese tückische Schicht zu durchbrechen. Weit geöffnet war der Schnabel, hatte verzweifelt nach Luft gerungen. Weit aufgerissen die gebrochenen Augen, die immer noch das panische Entsetzen dieses aussichtslosen Ringens widerspiegelten. Nicht das Tier hatte versagt, trug die Verantwortung, sondern ich, der angeblich so weit blickende Mensch.

Bei dem Stichwort Eis fällt mir eine andere, glücklicherweise glimpflich verlaufene Geschichte ein. Mein Großvater, Lohnunternehmer von Beruf, hatte, damals noch mit einer Standmaschine, den lieben langen Tag Getreide bei einem Bauern ausgedroschen. Seinerzeit wurden die abgemähten Halme inklusive Ähren in die Scheunen eingefahren, um dann über den Winter mit einer solchen Standmaschine gedroschen zu werden.

Wenn sich der Anfahrtsweg für eine tägliche Heimkehr als zu lang erwies, nächtigte Großvater neben seinem Dreschkasten im Stroh, anderenfalls fuhr er abends in Ermangelung eines motorisierten Untersatzes mit dem Fahrrad nach Hause.

Dieser Winter nun war außerordentlich kalt und lang anhaltend. Der Bothkamper See war begehbar bzw. befahrbar zugefroren, und Großvater nutzte diese willkommene Abkürzung quer über den See, um schneller nach Hause zu kommen. Denn dort lag seine Frau, meine Großmutter, mit einer Mandelentzündung und hohem Fieber zu Bett. Der mondlose Sternenhimmel erleuchtete den still und starr liegenden See nur unzureichend, und so übersah er in dieser bitterkalten Nacht das von Anglern geschlagene Loch im Eis. Als Großvater die Gefahr endlich erkannte, war es für ein Ausweichmanöver bereits zu spät, sodass er mit dem Vorderrad in dieses Loch geriet, kopfüber in die eiskalten Fluten stürzte und darin versank. Glücklicherweise gelang es ihm, sich mit einer Hand an der dicken Eisdecke am Rand des Loches festzuhalten und so das lebensrettende Ausstiegsloch nicht zu verlieren. Dann angelte er mit dem Fuß – im Nachhinein klingt das kaum glaubhaft, entspricht aber, so wurde mir versichert, der Wahrheit – das Fahrrad und zog sich und das Gefährt aus dieser Eisfalle. Die Kälte drang Großvater durch Mark und Bein, seine Zähne klapperten, und das Fahren fiel durch die gefrierende Kleidung immer schwerer. Doch er schaffte den Rest des so abrupt unterbrochenen Heimweges. Dort angekommen, riss er sich die vor Kälte starrende Hose und das Hemd vom Leib und schlüpfte zitternd und bebend zu seiner fiebernden Frau ins Bett.

Um es kurz zu machen, Opa überstand das unfreiwillige Bad ohne die kleinste Erkältung, und Oma war ihr Fieber am nächsten Tage los – das beste Beispiel für natürliche Temperaturregelung.

Doch nun zurück zum eigentlichen Thema: Neben dem Wohlstandsmüll, der den Wildtieren so häufig zum Verhängnis wird, sind es häufig alter Stachel- und Weidezaundraht, der als ungewollt gestellte Schlingen vor allem die Gehörn- und Geweihträger ein tragisches Ende nehmen lässt. Ein Beispiel:

Der so genannte Viehteich ist ein vielleicht zwei Hektar großes Gewässer, liegt etwa 300 Meter von unserem Gehöft entfernt und wird alljährlich zwecks Bergung der zu Weihnachten so beliebten Spiegelkarpfen abgelassen und dann abgefischt. Ob die Karpfen bei dieser Prozedur dieselbe weihnachtliche Vorfreude empfinden, wage ich zumindest zu bezweifeln. Die verbleibenden Wasserflächen frieren dann relativ schnell zu und stellen aufgrund der geringen Tiefe auch keine größere Gefahr für die Schlittschuh laufenden oder Eishockey spielenden Kinder dar. Einen schöneren und vor allem aus Elternsicht sichereren winterlichen Tummelplatz kann man sich deshalb kaum vorstellen. Zudem ist der Viehteich ringsherum nur von Feldern und kleineren Waldstücken umgeben, und nur ein kaum genutzter Feldweg führt dahin. Also etwas für Insider!

Eines Tages kamen meine beiden Ältesten mit der Aufsehen erregenden Botschaft, sie hätten an einer flachen Stelle des Teiches zwei verendete Damhirsche gefunden, von denen aber nur noch die Geweihenden aus dem gefrorenen Schlamm ragten. Derartige Informationen lassen einen Jäger natürlich nicht unberührt, und schnurstracks eilte ich, mit Pickhacke und Spaten bewaffnet, mit meinen beiden Töchtern zum Fundort.

Tatsächlich, keine drei Meter voneinander entfernt ragten die Geweihschaufeln aus dem nun freigelegten

Teichgrund. Mittels des mitgeführten Bergungswerkzeuges förderte ich alsbald die Überreste der zwei verluderten Hirsche zutage, deren Lebensweg sicherlich bereits im Vorjahr in diesem Wasser geendet hatte.

Es waren zwei Geweihträger vom 5. oder 6. Kopf, hoffnungsvoller Nachwuchs, jetzt ganz ohne jede Hoffnung. Beide Geweihe umschlang lang bunt gefärbtes Weidezaunband, das sich von den Augsprossen bis hin zu den Schaufeln zu einem unauflösbaren, riesengroßen Knoten verwickelt hatte. Ob nun beide unabhängig voneinander mit ihrem durch Menschenwerk verunzierten Kopfschmuck, von Angst getrieben, zum Teich strebten, in der Hoffnung, dort sich ihrer Behinderung zu entledigen, oder ob sie sich während eines Brunftkampfes gemeinsam in diesen Schlingen und Ösen verstrickten, untrennbar miteinander und damit in ihrem Schicksal verbunden, wird auf ewig ihr Geheimnis bleiben.

Doch beide ertranken als Folge von unbedachtem und achtlosem menschlichen Handeln. Die Kadaver übergab ich dem Jagdherrn, der sich über diesen Fund genauso bestürzt zeigte wie auch ich. Und wir beide hoffen, dass die Ausstellung dieser Mahnmale – von Trophäen möchte ich hier nicht sprechen – dazu dienen mag, vor allem die kaum zu zerreißenden Weidezaunbänder aus Kunststoff nach dem Viehab- oder -umtrieb entsprechend sorgfältig zu entfernen. Denn wer glaubt, das Schicksal dieser beiden Hirsche sei ein Einzelfall, der irrt.

Das sollen zwei weitere Beispiele belegen: Eines Abends im Oktober entschloss sich mein Vater zu einem Ansitz am bereits aus den vorherigen Kapiteln bekannten Mutterbau der Familie Grimbart. Noch bevor einer der erhofften Jungdachse überhaupt die Chance bekam, die warme und geräumige Kellerwohnung zu verlassen, vernahm mein Vater von der rechten Seite her lautes Rascheln und Knacken, das beständig näher kam.

Neben dem Dachsbau führte ein gern von Damwild und Schwarzwild genutzter Fernwechsel, sodass der stetig ansteigende Geräuschpegel nur einen Schluss zuließ: eine vertraut anwechselnde Rotte Sauen. Schon schob sich der Lauf der 30/06 über die Brüstung der Ansitzleiter, fester umschloss die Hand den Gewehrkolben.

Doch dann wich die erwartungsvolle Miene ungläubigem Staunen. Nicht die schwarzen Gesellen wuselten quirlig aus der Buchenverjüngung hervor, sondern ein einzelner Damspießer, der einen Wust von feinen Bändern wie eine Schärpe hinter sich herzog. Darin hatten sich bereits unzählige Blätter und Äste verfangen, er fegte damit praktisch den Wald.

Immer wieder verhoffte der bereits sichtlich abgekommene Spießer, um sich von den Strapazen dieser unfreiwilligen Säuberungsaktion zu erholen. Jedes Mal deckte ihn jedoch ein starker Buchenstamm, sodass an einen sauberen Schuss nicht zu denken war, und er entschwand immer mehr den Blicken meines Vaters. Also herunter von der Leiter und hinterher, wobei leises Pirschen aufgrund der beträchtlichen Geräuschkulisse nicht vonnöten war.

Wieder verhoffte der Hirsch mit keuchendem und rasselndem Atem, bis der abgezirkelte Schuss ihn blitzartig zusammenbrechen und verenden ließ. Langsam, immer noch ungläubig, trat Vater an den Gestreckten heran. Ein Abschleppseil schlang sich, hoffnungslos um den Träger und die kleinen Spieße verknotet, um den gesamten Kopfbereich, bedeckte Lichter und Lauscher. Das etwa drei Meter lange Ende hatte sich zu kleinsten Fäden entflochten und schleppte, wie eine breite Laubharke alles Laub und Geäst sammelnd, hinter dem Geschundenen her. Unter der Rubrik »Schleierhirsch« vermerkte Vater dieses sicherlich (und hoffentlich) nicht alltägliche Ereignis in seinem Schussbuch.

Zwei Jahre später entdeckte Vater am Waldrand in einer Senke einen bereits verluderten Hirsch, dessen Geweih von Weidedraht umschlungen war. Mit diesem absolut reißfesten Plastikband hatte sich der Hirsch beim Einwechseln in den Wald im Stacheldraht verfangen. Seine Befreiungsversuche hatten ihn immer fester angekettet, die Drähte sich immer mehr verflochten. Es gab kein Entkommen mehr. Weit hing der Lecker aus dem Äser, schreckgeweitet waren die gebrochenen Lichter, als Vater ihn fand. Rundherum war die Erde aufgerissen und zerfurcht von den immer schwächer schlagenden Läufen.

Auch hier eine Tiertragödie, produziert von Menschenhand.

Meine Hirsche

Nun beschränken sich meine Erlebnisse und Erfahrungen mit dem Damwild Gott sei Dank nicht nur auf die soeben geschilderten mehr oder minder tragischen Unglücksfälle. Vielmehr konnte ich neben zahllosen Beobachtungen den einen oder anderen Hirsch mit gutem Gewissen und hocherfreut ob einer erfolgreichen Pirsch oder Ansitz in mein Schussbuch eintragen.

Das Damwild ist zweifelsohne die in Schleswig-Holstein am weitesten verbreitete Hirschart. Zwar zieht in einigen größeren Staatsforstrevieren und den umliegenden Jagden auch noch Rotwild seine Fährte, wie beispielsweise in Barlohe, aber diese Bestände sind im Vergleich zur Damwildpopulation eher gering, wenn auch die Stärke der Geweihe im Bundesgebiet ihresgleichen sucht. Und so ist Schleswig-Holstein in informierten Jägerkreisen eher durch seine starken Damwildbestände, insbesondere auf dem Geestrücken, bekannt, und zwar sowohl in quantitativer wie auch in qualitativer Hinsicht. Wenn dann im Oktober der Herbstwald in farbenfroher Pracht erstrahlt und die ersten kalten Nächte das Herannahen des Winters ankündigen, werden die Jäger unruhig. Denn dann beginnt bei uns die Damwildbrunft. Wenn sich auch der eher rülpsende Brunftschrei des Schauflers nicht mit dem imposanten Röhren der Rothirsche vergleichen kann, geht er zumindest mir durch Mark und Bein.

Obwohl dieser Ausdruck weiß Gott nichts mit der Jagd oder gar der Waidmannsprache zu tun hat, möchte ich die Richtigkeit dieser Wortwahl durch eine kleine Episode untermauern. Mit einem jagdlich interessierten, aber noch wenig bewanderten Studienfreund saß ich während der Hochbrunfttage an einem Fichtenbestand an, in dem ich ein paar Tage zuvor einige Brunftkuhlen entdeckt sowie verschiedene Stücke Kahlwild gesehen hatte. Insofern stand zu vermuten, dass sich auch der Herr und Gebieter dieses Liebesnestes in unmittelbarer Nähe befinden musste. Der Ostwind bescherte uns zudem einen sonnigen Tag und die entsprechende Kälte. Besser konnten die Bedingungen also nicht sein. Kaum war eine Stunde tiefsinnigen Lauschens und Passens vergangen, zogen bereits einige Beihirsche, alles starke Knieper, an uns vorbei. Da schob sich, von meinem Freund unbemerkt, ein starker Hirsch zwischen den Fichtenstämmen hervor. Voll und rund ließ er seinen Brunftschrei ertönen, um unmissverständlich und keinen Widerspruch duldend seinen Herrschaftsanspruch zu bekräftigen.

Aufgeregt stieß mich mein Freund in die Seite und stellte leise flüsternd die denkwürdige Frage, ob ich wisse, wer eben dieses unüberhörbare Rülpsen verursacht habe. Er zumindest vermute einen Kampftrinker in Sachen Gerstensaft in unmittelbarer Nähe und wundere sich, wieso das doch so scheue Wild nicht längst das Weite gesucht habe. Die anschließend von mir vorgebrachte fach- und sachgerechte Erläuterung erntete anfänglich äußerste Skepsis und Unglauben.

So viel zum Thema Brunftlaut.

In den Achtzigerjahren, in denen sich die folgenden Erlebnisse abspielten, bildeten derartige Brunftereignisse jedoch die Ausnahme. Zum einen handelte es sich bei unserem Revier um einen typischen Hirscheinstand, Kahlwildbegegnungen waren eher selten. Zum anderen mästeten sich die Geweihträger über die Sommermonate in den Getreideschlägen, um kurz vor der Brunft klammheimlich in andere Reviere auszusiedeln. Entsprechend blieb es während der Brunft dann relativ stumm. Ab Januar fanden sich dann die Herren der Schöpfung, nunmehr wieder friedlich vereint, als

Hirschrudel bei uns ein, sodass sich die Bejagung hauptsächlich jeweils im neuen Jahr abspielte.

Ein Abnormer

Für jede Regel gibt es aber auch immer eine Ausnahme: Mitte September bezog ich Stellung an einer Wiese am Waldrand. Diese wurde von einer tiefen Senke durchzogen, sodass alles Wild, das aus dem Wald auszog, überriegelt war. Die einzige Möglichkeit, Einblick in die Senke zu gewinnen, bot eine durch Pfähle und Stacheldraht abgegrenzte Dauerweide, die notwendige Deckung einige Brennnessel- und Distelnester. Da der Anmarsch nur über zwei größere Pfluglandkoppeln möglich war und auch kein Hochstand Schutz vor Wind und Wetter bot, war die jagdliche Frequentierung dieses an sich viel versprechenden Platzes eher spärlich. Gerade diese Abgeschiedenheit empfand das Wild jedoch als außerordentlich einladend.

Meine hoffnungsfrohe Erwartung, einen schussbaren Rehbock vor den Lauf zu bekommen, kam also nicht von ungefähr. Stunde um Stunde dieses herbstlichen Abends verrann, einige Ricken präsentierten ihren Nachwuchs, und drei Hasen mümmelten still und zufrieden vor sich hin. Ein sehr idyllischer, für mich leider sehr ereignisloser Abend ging absehbar zur Neige. Da ließ mich ein leises Knacken im Bestand aufhorchen, und das Stimmungsbarometer stieg erheblich. Sollte doch noch ein jagdbarer Bock diesen Abend zu einem Höhepunkt werden lassen? Und – der Höhepunkt kam, jedoch ganz anders als gedacht.

Denn keine 50 Meter von meinem Brennnesselhaufen entfernt schob sich, nein, hüpfte ein Damhirsch aus dem Dunkel des Waldes. Noch voll im Bast, ein nicht mehr anzusprechendes Stangengewirr auf dem Haupt, erschien ein schwer hinterlaufkranker Hirsch auf der spätabendlichen Bühne. Diesen setzte der im Wildbret stark scheinende Geweihträger gar nicht mehr auf, sondern bewegte sich mit känguruähnlichen Sprüngen. Diese Art der Fortbewegung fiel ihm augenscheinlich schwer, da er stets nach vier oder fünf dieser ungelenk und schwerfällig wirkenden Bewegungen verhoffte.

Selbst die Hasen zeigten sich schockiert, denn nach einem kurzen Sichern, hochaufgerichtet auf den Hinterläufen, flüchteten sie allesamt in den Bestand.

Schon senkte sich der Zielstachel des achtfachen Zielfernrohres in das Blatt des laufkranken Hirsches, pulsierte das Blut unruhiger durch die Adern. Doch ich unterließ den Schuss. Ohne Absprache mit den Jagdpächtern einen Hirsch, noch dazu mit einer derartig außergewöhnlichen Trophäe, zu strecken, war mir dann doch ein zu großes Wagnis. Auch schien die Verletzung relativ ausgeheilt zu sein, denn abgekommen wirkte er beileibe nicht. Bei völliger Dunkelheit trat ich so leise wie möglich den Rückzug an und berichtete ausführlich dem Jagdherrn.

»Wenn du ihn wieder vor dir hast, kannst du ihn schießen!«, war die verheißungsvolle Antwort, die mir eine unruhige Nacht bescherte.

Jedoch bereits am folgenden Morgen platzten alle Träume. Ein starker Dauerregen setzte ein, und obendrein blies der Wind schwach, aber konstant direkt in den Wald. Ein aussichtsloses Unterfangen! Ich haderte mit mir selbst. Hätte ich doch bloß geschossen! Eine solche Chance kommt nicht wieder!

Aber bereits der nächste Tag versöhnte mich wieder mit den Launen des schleswig-holsteinischen Wetters. Mild strahlte die Sonne vom wolkenlosen Himmel, und auch der Wind hatte sich gelegt. Früh am Abend zog ich erneut zu meinen Brennnesseln und Disteln und ließ mir die laue Abendsonne ins Gesicht scheinen. Als würden sich alle Vögel des Waldes ein letztes Stelldichein vor der endgültigen Abreise in wärmere Gefilde geben, zwitscherte und jubilierte es um mich herum.

Vertraut ästen einige Stücke Rehwild, darunter ein viel versprechender Jährlingsbock, in den versinkenden Strahlen der Sonne. Immer länger zogen sich die Schatten der Randbäume in die Wiesensenke, ohne dass sich mein Hirsch zeigte. Der pessimistische Teil meiner Jägerseele sah sich bereits bestätigt und feixte ob der vertanen Chance, während meine optimistische Seite mich immer wieder den Waldrand mit den Augen absuchen ließ. Und wirklich schoben sich an der gegenüberliegenden Seite der Senke Haupt und Vorschlag eines Hirsches aus dem Rand des Bestandes. Lange sicherte das Tier auf die Wiese.

Mittlerweile konnte ich jedoch aufgrund der immer schlechter werdenden Lichtverhältnisse den Wildkörper nur noch schemenhaft erkennen. Als der Hirsch dann endlich auf die Wiese zog, ohne die Läufe auch nur andeutungsweise zu schonen, war es klar, dass es sich nicht um den Abnormen handeln konnte.

Doch halt, die Augen erkannten eine jähe Bewegung. Da waren sie wieder, die Kängurusprünge. Der Kranke schnellte sich Meter um Meter auf die Wiese. Hier war jedes weitere Ansprechen unnötig, und die hereinbrechende Dunkelheit forderte rasches Handeln. Schnell strich ich den Repetierer an einem Koppelpfahl an, suchte durch das Zielfernrohr den Wildkörper, doch alles, was ich erblickte, war Dunkelheit.

Auch das noch! Ein weiterer Pfahl versperrte mir die Sicht auf den verhoffenden Hirsch. »Also Standortwechsel«, schoss es mir durch den Sinn. Tief gebeugt schlich ich weiter nach vorn, zu eben diesem Hindernis hin. Kein Zweig knickte, kein trockenes Blatt knirschte unten den behutsamen Tritten. Als ich jedoch, an meiner neuen Gewehrauflage angekommen, durch das Zielfernrohr blickte, äugte mich der Geweihte misstrauisch an. So blieb für das Jagdfieber glücklicherweise keine Zeit mehr, und der Knall der 9,3 hallte vom Waldrand zurück. 120 Meter zählte ich bis zum Anschuss, an dem der Hirsch im Knall zusammengesunken lag, die Läufe wie ein Taschenmesser unter sich zusammengeklappt. Nur der versteifte Hinterlauf ragte seitlich ausgestreckt hervor. Die spätere Untersuchung ergab ein vollständig zertrümmertes Sprunggelenk, verursacht durch eine Kollision mit einem Auto.

Immer wieder fasziniert mich die Selbstheilungskraft der Natur, die selbst derartige Trümmerfrakturen ohne Krankenhaus und Antibiotika wieder auszuheilen vermag. Der Hirsch war vom 4. Kopf und wog aufgebrochen 75 Kilogramm. An der bis zu fünf Zentimeter dicken Feistschicht erfreuten sich den ganzen Winter über die Meisen.

Auch das Geweih hatte der Hirsch während des vorherigen Tages bereits voll verfegt. Die Stangen drehten sich förmlich aus den Rosenstöcken. Während eine

Augsprosse kleinfingerlang nach außen wies, war die andere etwa 20 Zentimeter lang schaufelförmig als dritte Stange ausgebildet. Die Mittelsprossen zeigten verdreht nach innen, während die Stangen ohne jeglichen Schaufelansatz endeten.

In tiefster Dunkelheit barg ich mit meiner Frau und meinem Vater diesen Hirsch, und auf den kurzen Herbsttag folgte eine lange, feucht-fröhliche Nacht.

Durch den Knick

Bereits zu nachtschlafener Zeit hatte ich an diesem Januarmorgen die große Kanzel im Hochwald bezogen, um das Hirschrudel abzupassen, das sich täglich unter den großen Eichen fährtete. Die reichhaltige Eichelmast dieses Jahres zog das Damwild magisch an, doch die zahlreichen Abendansitze erbrachten bis jetzt keinen Anblick, geschweige denn ein konkretes Resultat. Morgens jedoch zeugten die umgedrehten Blätter und Fährten aller Größenordnungen von dem nächtlichen Treiben. Was also lag näher, als es mit einem morgendlichen Ansitz zu versuchen, wobei der Ort sicherlich richtig, der Zeitpunkt aber eher unglücklich gewählt war.

Denn ein schwacher, dafür aber umso hartnäckigerer Nieselregen läutete diesen tristen, viel zu warmen Januarmorgen ein. Am liebsten wäre ich sofort wieder ins heimatliche Ehebett gepirscht, doch eine gewisse innerliche Trägheit ließ mich an diesem ungastlichen Ort ausharren und immer wieder leise einnicken.

Auch konnte ich meinem jetzigen Standort zumindest eine positive Seite abgewinnen: Auf dieser geschlossenen Kanzel war ich wenigstens vor der Nässe geschützt.

In meinem Fotoalbum befindet sich ein Bild mit einem Hochstand, das ich mit folgenden Zeilen versehen habe: »Der Hochstand, Ort der In-sich-Gekehrtheit und des Hoffens, Ort der höchsten Triumphe und der größten Enttäuschungen.«

Nun, dieser Morgen ließ sich mit Fug und Recht in die letztgenannte Kategorie einordnen und die In-sich-Gekehrtheit äußerte sich eher in einem melancholischen Vor-sich-Hinduseln. Durch die bleigrauen Wolken wollte es nur zögerlich Tag werden, kein Laut durchdrang das leichte Rieseln des Regens. Nicht einmal die Mäuse raschelten im Laub. Immer mehr festigte sich in mir die Überzeugung, dass hier und heute kein Blumentopf zu gewinnen war. Doch was beginnen mit dem angebrochenen Morgen?

Als dann endlich die konstruktive Seite meines Ichs die Oberhand gewann, kam mir der Gedanke, dass das Wild vielleicht die Feldmark dem tropfenden Wald vorziehen würde, und ich entschloss mich zu einer Morgenpirsch. Der Wald wurde an einer Seite von Dauerweiden umschlossen, die, umsäumt von einem hohen Knick, an einen alten Kiesweg grenzten. Ich könnte also leise auf diesem Feldweg pirschen und hätte relativ freien Blick auf die Wiesen, gleichzeitig aber gute Deckung durch den Knick. Dorthin also lenkte ich meine Schritte, und kaum hatte ich den Wald verlassen, ließ auch der Nieselregen merklich nach. Ein gutes Omen?

Ich erreichte den Kiesweg und wagte einen ersten vorsichtigen Blick auf die rechts von mir liegende

Wiese. Da entdeckte ich einen Fasanenhahn, der majestätisch, sich seines Prachtgefieders anscheinend völlig bewusst, über das grüne Feld stolzierte. Es war einer der Letzten seines Stammes, der sich mir in seiner ganzen Farbenvielfalt zeigte, und ich überlegte, ob er wohl dem eigenen Bestand entsprang. Denn zwei Jahre zuvor hatte ich auf unserem Grundstück, das direkt an die Feldmark grenzte, eine Voliere errichtet, um darin Fasane zwecks späterer Auswilderung großzuziehen.

Die ersten Küken bestellte ich seinerzeit in einer Fasanerie in Niedersachsen. Per Bahn reiste das Jungvolk dann Richtung Kiel. Der Anruf über die Ankunft erreichte mich in einer Filiale unserer Bank direkt in Kiel, in der ich mich zum Zwecke der Ausbildung gerade befand. In der Mittagspause eilte ich dann zum Bahnhof, um das Paket nebst piepsendem Inhalt in Empfang zu nehmen.

In der Bank verliebten sich vor allem meine Arbeitskolleginnen sogleich in die kleinen Federknäuel, und auch für mich fiel ein – wenn auch geringer – Teil der Zuwendungen ab, die mich nicht unbeeindruckt ließen. Daher konnte ich auch dem Bitten und Drängen, einen solchen Wonneproppen (gemeint sind die Fasanenküken) mal in die Hand zu nehmen, wenig entgegensetzen und öffnete leichtsinnigerweise den Karton. Darauf hatte die kleine Schar anscheinend nur gewartet, sie flüchtete in alle Himmelsrichtungen und damit in alle Büroräume.

Dies wiederum löste den Jagdinstinkt meiner Mitstreiter aus, und sehr zum Verdruss unseres Chefs widmete sich die ganze Belegschaft intensiv der Fasanenjagd, anstatt sich um die Kunden zu kümmern. Ein Psychologe hätte aus den verschiedenen Jagdtechniken, die der eine oder andere an den Tag legte, so manchen interessanten Schluss ziehen können. Ich jedoch war froh, alle meine Kinder wieder im Karton zu wissen, und durfte frühzeitig den Ort der Ausbildung verlassen, um die kleinen Unruhestifter daran zu hindern, den Geschäftsbetrieb weiterhin nachhaltig zu stören.

Doch wer da glaubt, damit wäre die kleine Fasanengeschichte bereits zu Ende, der irrt. Denn nach Wochen der Fütterung und Betreuung nahte der große Tag der Auswilderung. Ich öffnete also die Tür der Voliere, um den Vögeln die Möglichkeit zu bieten, sich langsam von ihrem sicheren Heim zu lösen und Stück für Stück mit den Gefahren ihrer Umwelt vertraut zu machen.

Bereits am ersten Abend fehlten drei stattliche Hähne, und ich hegte die Hoffnung, diese hätten bereits das Weite gesucht. Nur endete dieser erste Ausflug nicht in Feld und Flur, sondern im Hühnerstall des Nachbarn, da die dort lebenden Hühner scheinbar eine unwiderstehliche Anziehungskraft auf die drei Herren der Schöpfung ausübten.

Geistesgegenwärtig schloss mein wackerer Nachbar die Pforten seines Hühnerhauses und erfreute sich am folgenden Sonntag eines schmackhaften Fasanenbratens. Damit beendete auch ich das frustrierende Kapitel Fasanenauswilderung, und die Voliere diente fortan anderen Zwecken.

Als ich all diese Erlebnisse sinnierend nochmals vor dem geistigen Auge ablaufen ließ, zog aus einer der Senken ein fünfköpfiger Hirschtrupp quer über die Wiese. Schon lag ich bäuchlings im Knick, das Fernglas an den Augen. Zwei gut lauscherhohe Spießer zogen vorneweg, während die drei übrigen Hirsche dicht beieinander blieben, was ein genaues Ansprechen wesentlich erschwerte.

Da löste sich ein Hirsch aus dieser Gruppe. Wie elektrisiert betrachtete ich das Geweih. Ein Hirsch sicherlich vom 4. Kopf mit einer schwachen Schaufelbildung links sowie einer ausgeprägten Krebsschere auf der rechten Seite – ein Abschusshirsch, wie er besser nicht sein kann. Ich legte den Repetierer über die Kante der Böschung, da schoben sich die Hirsche wieder dicht aneinander und zogen zielstrebig in einem Halbbogen um mich herum auf den Knick zu. An einen Schuss war guten Gewissens nicht zu denken.

Schon erreichten die Hirsche den Wall und querten ihn, um auf den Kiesweg zu gelangen. Auf allen vieren kroch ich nun auf die der Wiese zugewandte Seite des Knicks, um einer frühzeitigen Entdeckung zu entgehen. Glücklicherweise eräugte mich keiner der Geweihten bei meinen Manöverübungen. Vielmehr suchten sie auf dem Feldweg nach den schmackhaften Früchten der Überhaltereichen. Vertraut zogen sie bis auf 30 Gänge heran. Längst war die 9,3 in Stellung gebracht, entsichert und eingestochen. Doch sollte ich nun schießen? Zweige und Äste behinderten das freie Schussfeld, und auch die Grenze zum Nachbarrevier befand sich in unmittelbarer Nähe.

Eifrig Eicheln aufnehmend, näherte sich der Hirsch bis auf vielleicht 15 Meter. War es ein küselnder Windhauch? War es eine unbewusste Bewegung meinerseits, oder erahnte der Hirsch meine Anwesenheit? Denn plötzlich warf er auf und äugte unverwandt in meine Richtung, dabei den breiten Stich zeigend.

Dieser Augenblick brachte die Entscheidung. Der Zeigefinger krümmte sich, der Schuss brach, der Hirsch lag im Knall, und gleichzeitig neigten sich zwei doppelt daumendicke Haselnusstriebe abgeschossen der Erde zu. Diese hatte ich im Eifer des Gefechtes scheinbar glattweg übersehen. Doch der Flurschaden tat meiner großen Freude ob dieses großartigen Erlebnisses keinerlei Abbruch.

Fünfmarkstückgroß zeigte sich der Einschuss auf dem Stich. Die Kugel hatte sich durch die ersten Hindernisse nur leicht gestaucht und unbeirrt ihre tödliche Bahn fortgesetzt, um sich im Wildkörper fast vollständig zu zerlegen.

Der Drückjagdhirsch

Und wieder war es Januar. Ein starker Ostwind führte trockene, aber auch eiskalte Luft ins Land. Die Wasserflächen deckte eine dicke Eisschicht, das Holz der Bäume knackte vor Frost, steinhart gefroren präsentierte sich die Feldmark. Alles Wild suchte Schutz vor der grimmigen Kälte und dem unnachgiebigen Wind und stellte sich im Hochwald ein.

Das war das richtige Wetter, um sich den schweren Kopf von der Samstagabendparty freipusten zu lassen und den Sonntagmorgen mit einem ausgiebigen Spaziergang zu beginnen – natürlich bewaffnet, denn wie häufig hatte ich es schon erlebt, dass man nur mal eben in das Revier gefahren war, die Waffe zu Hause vergessen und gerade in solchen Momenten den unglaublichsten Anlauf zu verzeichnen hatte.

Beißend pfiff der Wind ums Gesicht, schon glühten die Ohren wie ein Leuchtfeuer in der Dunkelheit. So entschloss ich mich kurzerhand, ebenfalls den Hochwald anzunehmen und den Windschatten der über hundertjährigen Eichen und Buchen auszunutzen. Von einer Pirsch konnte dabei weiß Gott keine Rede sein, denn jedes Blatt, und davon lagen viele auf den Waldwegen, knirschte und knackte bei der geringsten Berührung.

So bummelte ich ohne bestimmte Absichten durch den Wintermorgen und erfreute mich an den aufgeregt mit ihren Federhauben wippenden, laut rätschenden Eichelhähern, dem monotonen Rufen der Dompfaffe und den lebhaften Buchfinken. Hier und da flüchtete Rehwild, suchte Deckung in den überall eingestreuten Buchenverjüngungen und verhoffte dort, wo es sich sicher fühlte.

Blutrot schob sich die Sonne am Horizont empor, begrüßt durch die Katzenschreie der Bussarde. Ich erreichte eine Fichtendickung, die nach der letzten Durchforstung erste Einblicke bot und somit ihre bis jetzt streng gehüteten Geheimnisse erstmals offenbarte.

Schon stockte der gewohnheitsgemäß suchende Blick. Auf kürzeste Entfernung schob sich dort Damwild, ohne Zweifel Hirsche, zwischen den Fichtenstämmen hin und her. Diese Entdeckung war jedoch nicht einseitig geblieben, und der gesamte Herrenverein, sechs bis sieben Hirsche, zog angewidert ob der morgendlichen Störung immer tiefer in den Bestand ein, um Augenblicke später meinen Blicken ganz zu entschwinden. Für ein genaueres Ansprechen hatte dieser Moment nicht ausgereicht, doch dass es sich durchweg um stärkere Hirsche, die zumindest dem Spießeralter schon entwachsen waren, gehandelt hatte, dessen war ich mir ziemlich sicher.

Doch was tun? Die bereits alarmierten und beunruhigten Hirsche anzupirschen, bot keine Aussicht auf Erfolg, denn die aufmerksam in alle Richtungen äugenden Lichter hätten mich augenblicklich entdeckt und die sofortige Flucht ausgelöst. Also nicht unüberlegt handeln, sondern innerlichen Kriegsrat halten, hieß die Devise.

Auf der anderen Seite der Fichten schloss sich eine jüngere Buchenkultur an, die bessere Schussmöglichkeiten bot und zudem noch vorteilhafterweise unter dem Wind lag. Jemand müsste mir die Hirsche vorsichtig zudrücken, um sie, leicht beunruhigt, dort einwechseln zu lassen. Vielleicht bot sich dann die Chance für ein näheres Ansprechen und gegebenenfalls für einen schnellen Schuss. Und wer käme dafür eher in Frage als Vater!

Ohne auf den Radau zu achten, den ich verursachte, lenkte ich die Schritte zügig aus dem Wald und zum Auto. Denn immer wieder konnte ich beobachten, dass Damwild genau zwischen den Leisetretern, also vorzugsweise den Jägern, und harmlos durch den Wald trampelnden Spaziergängern zu unterscheiden weiß. Dass von Letzteren keine Gefahr droht, scheinen sie bereits in ihrem Fluchtverhalten verankert zu haben und geben sich entsprechend vertraut.

Innerlich betend und bittend, dass dies auch jetzt der Fall sein möge, eilte ich also zum Auto. Der schwere Kopf und der kalte Wind waren längst vergessen, ich dampfte aus allen Poren. Zu Hause erläuterte ich Vater aufgeregt meinen Plan. Der war sogleich Feuer und Flamme.

Neben dem Drilling und zwei Kugelpatronen – mehr Munition ließ meine Eitelkeit nicht zu – schnallte ich mir auch den Revolver im Kaliber 375 Magnum unter. Derartig aus- und aufgerüstet strebte ich dann besagter Buchenkultur zu, wählte mir einen dickeren Stamm, der mir Deckung und Anstreichmöglichkeit bieten sollte, und entfernte vorsichtig die gefrorenen Blätter, um geräuschlos von einem Fuß auf den anderen treten zu können. Vater wollte dann eine halbe Stunde später, wenn wieder ein wenig Ruhe eingekehrt war, an der Stelle in den Fichtenbestand eindringen, wo ich die Hirsche anfangs entdeckt hatte. Von diesen war jedoch weder etwas zu hören noch zu sehen, und es blieb die bange Frage, ob sie nicht schon längst ausgewechselt waren, um ihr Heil in der Flucht zu suchen.

Ich blickte auf die Uhr. Jetzt musste Vater starten. Keine fünf Minuten später begannen die Eichelhäher lärmend zu warnen. Schon zog ein Sprung Rehe beunruhigt aus den Fichten, wobei die Tiere beständig zurückäugten. Ein älterer Bock hatte bereits kräftig geschoben und verhinderte künftige sommerliche Jagdfreuden.

Wieder raschelte es leise, und ein Hase hastete aus der jetzt unheimlichen Deckung. Dann Stille, nichts, gar nichts rührte sich mehr. Meine Begeisterung kühlte zunehmend ab und näherte sich allmählich den winterlichen Außentemperaturen. Resigniert suchte ich in meinen Taschen nach einem Taschentuch. Als ich wieder aufsah, glaubte ich fast an eine Halluzination: Dort zogen, etwa 70 Meter von mir entfernt, die Hirsche wie an einer Perlenschnur aufgereiht, hintereinander aus den Fichten.

Langsam und vorsichtig wanderte der Drilling in Richtung Schulter. Durch das Zielfernrohr sprach ich die so lange Ersehnten an. Da, der dritte von vorn, ein Knieper ohne jeglichen Schaufelansatz, ähnlich einem geringen Rothirschgeweih, war ohne jeden Zweifel richtig.

Breit zogen die Hirsche jetzt an mir vorbei, ohne jedoch zu verhoffen. Immer wieder versperrten die Bäume die Zielrichtung. Also visierte ich eine Lücke zwischen zwei Stämmen an, die der erste gerade querte. Auch den zweiten ließ ich passieren. Da schob sich der Rumpf des Auserwählten hinter dem Stamm hervor, und ich ließ fliegen. Der Hirsch quittierte den Schuss mit einem krummen Rücken und einer schwerfälligen Flucht. Mit zitternden Fingern brach ich den Drilling, schob eine neue Patrone nach und kam freihändig auf den Beschossenen ab. Keine Reaktion. Die Kugel hatte sich an irgendeinem Stamm zerlegt.

Wohin der übrige Trupp inzwischen entschwunden war, kann ich bis heute nicht sagen, so sehr war ich auf den »meinen« fixiert. Dieser zog schwer krank noch 20 Meter weiter, um sich dort niederzutun. Ein Fangschuss mit dem Drilling wäre ein Leichtes gewesen, wenn, ja wenn meine verdammte Eitelkeit nicht gewesen wäre, die mich jetzt ohne entsprechende Munition hilflos hier stehen ließ. Nach Hause zu fahren, um neue Patronen zu holen, wagte ich nicht aus Angst, den Hirsch zu verlieren. Las man nicht immer wieder von aufgemüdetem Wild, das kilometerweit zog und dann verloren war?

Inzwischen stieß auch mein Vater zu mir. Eine kurze Lagebesprechung folgte. Was blieb übrig, als den Waidwunden, der inzwischen völlig apathisch im Wundbett saß, mit dem Revolver anzugehen.

Vorsichtig, die Nerven zum Zerreißen gespannt, näherte ich mich. 50, 40, 30, 25 Schritt. Längst war der Hahn der Kurzwaffe gespannt. Plötzlich wurde der Hirsch hoch, stand auf zitternden Läufen. Schon zielte die Mündung auf das Blatt. Blitzartig fiel der Hirsch verendet in das Wundbett zurück. Der Vergleich mit den in Westernfilmen so oft gesehenen schlagartig zusammenbrechenden Bisons drängte sich hier förmlich auf. Überwältigt von den Ereignissen der letzten Minuten trat ich an den Gestreckten heran. Vater lobte den wohl platzierten Fangschuss und klopfte mir vor Freude immer wieder auf die Schulter. Doch, so sehr wir auch suchten, nirgends war auf dem Blatt ein Einschuss zu finden. Wer dann als Erster den Blick auf den Träger richtete und den Schweiß entdeckte, weiß ich nicht mehr. Hier musste Diana persönlich den Weg der Kugel gelenkt haben.

Mit wurde dabei jedoch klar, dass ich noch so manche Übungsstunde im Gebrauch und in punkto Treffsicherheit mit dem Revolver zu absolvieren hatte. John Wayne hätte bei dieser Abweichung sicherlich die Hände über dem Kopf zusammengeschlagen.

Zwei Laufkranke

Unser Revier wird durch eine stark befahrene Landstraße durchtrennt, über die unglücklicherweise direkt in einer nur schwer einzusehenden Kurve ein uralter Wildwechsel führt. Da dem Wild jegliche Art von Vorfahrtsregelungen fremd ist, ereignen sich dort immer wieder zum Teil schwere Kollisionen mit Wild, in die vom Igel, Hasen, Marder, Fuchs bis hin zu Reh-, Dam- und Schwarzwild alle Arten und Gattungen in schönster, besser unschönster Regelmäßigkeit verwickelt sind.

Einen Unfall mit »positivem Nebeneffekt« verursachte ein LKW-Fahrer, der versuchte, über die Straße wechselndem Damwild auszuweichen, und gleichzeitig eine Vollbremsung einleitete. Dabei kam er von der Fahrbahn ab und rutschte in den Straßengraben, wobei sich die Türen des Anhängers öffneten und ein großer Teil der Fracht sich auf die Fahrbahn ergoss. Diese bestand aus leckeren Salamiwürsten, die anscheinend auf die unverzüglich am Unfallort erschienenen Feuerwehrleute sehr anziehend wirkten. Während sich die Polizeibeamten um die Anhörung des Fahrers und die Absicherung der Unfallstelle kümmerten, oblag der Feuerwehr die Räumung der »überwursteten« Straße. Diese vollzog sich ungewöhnlich schnell und reibungslos, und in den folgenden Wochen kamen Salamis dieser Sorte in fast jedem Haushalt des Dorfes auffallend häufig auf den Tisch.

Schwierig wird es, wenn das Wild nicht direkt am Unfallort verendet, sondern eine Nachsuche notwendig wird. Befragt man die Insassen des betroffenen Fahrzeuges, um was für ein Tier es sich bei dem Kontrahenten denn nun gehandelt habe, erhält man von den noch ganz unter dem Schock des Geschehens Stehenden die unglaublichsten Antworten, ohne dass man ihnen in irgendeiner Weise Böswilligkeit unterstellen könnte.

So schwor ein Autofahrer, der von sich auch noch behauptete, als Mitglied des WWF über eine gewisse Sachkenntnis zu verfügen, Stein und Bein, ein über die Straße wechselnder Hase hätte ihn gerammt und zum innigen Kontakt mit einem nahe der Straße stehenden Baum veranlasst.

Da an dem demolierten Auto nicht mehr nachzuvollziehen war, welche Schäden vom Wild und welche vom Baum stammten, sowie Schweiß oder Schnitthaar nicht zu entdecken waren, erschien diese Version zunächst glaubhaft. Eine Inspektion der Unfallstelle und des näheren Umfeldes ergab jedoch, dass ein Damschaufler, den wir verendet etwa 100 Meter weiter auf einem Ackerstück fanden, den Unfall verursacht hatte.

Die häufig vorkommenden Laufverletzungen heilen beim als hart bekannten Damwild in der Regel aus, und nur die verkrüppelten, verkümmerten Läufe zeugen von mehr oder minder schweren Kontakten mit den Blechkarossen.

Und nun zu meinen Laufkranken: Ich saß an einem Januarabend (wann auch sonst) in einem lichten Buchen- und Eichenbestand an, der zu diesem Zeitpunkt stark von Damwild frequentiert wurde.

Der Boden war leicht überfroren, und ich hatte bereits bei hellem Sonnenschein die offene Kanzel bezogen und mich tief in meinen Lodenmantel eingemummelt. Durch die verharschten Blätter würde ich herannahendes Wild bereits sehr frühzeitig vernehmen können. Daher schloss ich die Augen, ließ mich von den durch die kahlen Äste flutenden Sonnenstrahlen bescheinen und konzentrierte all meine Aufmerksamkeit auf ein Organ: die Ohren.

Es ist immer wieder faszinierend, zu erleben, wie der vorher so stille Winterwald sich immer vielstimmiger präsentiert, wie die Geräuschkulisse von Minute zu Minute sich klangvoller und variantenreicher zu erkennen gibt, wenn man sich darauf konzentriert.

Da durchbricht das versonnene Träumen ein Rascheln, verursacht durch das vorsichtige, behutsame Ansetzen der Schalen und Läufe heranziehenden Wildes. Ist es Rehwild oder das ersehnte Damwild, das sich, zwischendurch immer wieder verhoffend, dem vorabendlichen Äsungsplatz nähert?

Langsam und glutrot versank die Sonne, da sah ich sie vertraut näher kommen: Alttier, Schmaltier und ein starkes Kalb. Durch das Fernglas beobachtete ich den Familienverband weiter, da schob sich ein weiterer Wildkörper durch die Stämme der Bäume. Der Gang wirkte ein wenig schwankend. Kein Zweifel, das Stück setzte nur andeutungsweise und widerstrebend den einen Hinterlauf auf. Zwischen den Lauschern befanden sich bleistiftdünne Spießchen, etwa fünf Zentimeter lang, von Rosen keine Spur – ein Hegeabschuss, wie er im Buch stand.

Auf 50 Meter trug ich dem jungen Invaliden den Schuss an. Hochflüchtig stürmte dieser nur wenige Meter am Hochstand vorbei und brach kurz danach verendet mit Herzschuss zusammen, wobei er eine regelrechte Schneise durch das Falllaub riss.

Hochbeglückt eilte ich zum Stück. Auch hier wies der versteifte Hinterlauf eine starke Kallusbildung auf, während die Schalen aufgrund des mangelnden Abriebs deutlich länger waren als die der gesunden Läufe. Die Spießchen wiesen jedoch mit Ausnahme ihrer geringen

Ausprägung keine Abnormitäten auf. Auch das Wildbretgewicht lag durchaus im Rahmen der normalen Bandbreite.

Exakt eine Woche später bezog ich erneut Stellung auf eben diesem Hochsitz. Dies geschah aus einer Verlegenheit heraus, da der von mir angepeilte Ansitzplatz bereits von einem der Jagdherren bezogen worden war. Damit geriet der sorgfältig durchdachte Schlachtplan gehörig aus den Fugen. Der eiskalte Nordostwind, der über das Land fegte, schloss die Feldmark als mögliche Alternative aus, da sich auch das Wild kaum dieser ungemütlichen Witterung aussetzen würde.

Alle anderen viel versprechenden Plätze im Wald waren für den häufiger vorkommenden Westwind ausgelegt. Also blieb nach einem gedanklich durchgespielten Auswahlverfahren nur dieser Hochstand übrig. Große Hoffnungen hegte ich indes nicht, denn die Flucht- und Schweißfährte des vorherigen Spießers war nach wie vor unübersehbar und für das Damwild auch »unüberriechbar«.

Doch kaum hatte ich die vor Kälte knarrende Leiter erklommen, wechselte, bereits deutlich vernehmbar, Wild heran. Schon schimmerten die weißen Bauchdecken durch das Astwerk und – Duplizität der Ereignisse – Alttier, Schmaltier und Kalb wechselten zügig auf meinen Stand zu. Dahinter – ich wagte meinen Augen nicht zu trauen – zog ein schwacher Spießer humpelnd hinterdrein. Doch diesmal war es ein Vorderlauf, den der junge Hirsch kaum anzusetzen wagte.

Während sich das Kahlwild bereits hochkonzentriert und hingebungsvoll auf Eichelsuche begeben hatte, verhoffte der Kranke mit angezogenem Vorderlauf, ähnlich einem vorstehenden Hund, etwa 80 Meter vor mir mit erhobenem Windfang. Dann wechselte er das Verhaltensmuster und wandelte sich zum Schweißhund, indem er mit tief gesenktem Haupt Schritt für Schritt der Fährte seines Vorgängers und Leidensgefährten folgte. Am Anschuss verhielt er und bewindete intensiv diese unheimliche Stelle. Die Lauscher bewegten sich dabei in alle Richtungen, und der Gesichtsausdruck spiegelte Neugierde und gleichzeitig Furcht, ja Unverständnis wider.

Deutlich erkannte ich die große Geschwulst und die kahle Stelle am Vordergelenk durch das Zielfernrohr der Büchse, und schon erreichte ihn das tödliche Blei.

Die weitere Abfolge vollzog sich ähnlich einer wiederholten Einstellung bei Filmaufnahmen, und der bereits gefrorene Schweißfleck der letzten Woche färbte sich wieder rot, diesmal jedoch vermischt mit zähflüssigem, stinkendem Eiter. Zwei Spießer innerhalb von sieben Tagen, beide verletzt, beide am selben Punkt beschossen und beide an derselben Stelle gefällt – ein unvergessliches Erlebnis.

Hirsch bleibt Hirsch

Die ersten 14 Tage des neuen Jahres waren bereits, wie immer viel zu schnell, verstrichen. Viele der am 31.12. gefassten Vorsätze befanden sich im Zustand der erneuten Überprüfung oder wurden geflissentlich ignoriert. Wieder war es für die Jahreszeit viel zu warm, und unzählige Male umrundete ich die diversen Wasserpfützen auf den Wegen des angeblichen Winterwaldes. Der

Hirschabschuss war bereits erfüllt und mein Sinnen und Trachten galt an diesem Morgen dem Ricken- und Kitzabschuss.

Im Nachbarrevier fiel ein lauter Büchsenschuss, der mich unwillkürlich zusammenzucken ließ. Im nächsten Moment musste ich bereits über meine Schreckhaftigkeit lächeln, und schmunzelnd gedachte ich einer Situation, in der ich selbst als Verursacher einer Panikreaktion fungiert hatte.

Dabei fing alles relativ harmlos an. Meine Frau überredete mich an einem herbstlichen Samstagabend zu einem gemeinsamen Kinobesuch. Da weder der Mond schien noch Schnee lag, sodass der Waidmann nicht gefordert war, stand dieser Unternehmung auch nichts entgegen. Es handelte sich hierbei um einen Film mit durchaus romantischen Akzenten, deshalb durfte natürlich auch eine Flasche Sekt nicht fehlen, die wir, ungehörigerweise in den Tiefen der Handtasche meiner Frau verborgen, ins Kino einschmuggelten.

Die Theatralik und Spannung des filmischen Werkes ließ uns jedoch kaum Zeit zum intensiven Zuprosten, sodass ich zum Ende des Kinobesuches die noch halb gefüllte Flasche nach bestem Wissen und Gewissen wieder zustöpselte und in die tarnende Handtasche zurückgleiten ließ. In bester Stimmung verließen wir die Stätte filmischer Kunst in einer dicht gedrängten Schlange und gelangten, wie all die anderen auch, wieder auf die überdachte, zur Straße hin offene Passage.

War es nun der plötzliche Temperaturunterschied oder das ständige Geschubse und Gedränge, ich weiß es beim besten Willen nicht. Plötzlich nämlich löste sich der Korken der Sektflasche von den sich sammelnden

Gasen raketengleich und mit lautem Knall. Dabei verdeckte die Handtasche zwar den Verursacher und Übeltäter, konnte aber das schussähnliche Geräusch nicht dämpfen.

Die uns umgebenden Menschen sprangen entsetzt zur Seite, manche suchten fluchtartig Schutz hinter Säulen und Mauernischen. Angstschreie und weit aufgerissene Augen prägten die Szenerie. Mit schnellen Schritten und hochrotem Kopf verließen wir mit entkorkter Flasche und tropfender Handtasche diesen Ort, und noch heute wundert es mich, dass keiner zum Handy griff, um uns als potenzielle Gangster der polizeilichen Verwahrung zuzuführen. Sie sehen also, welche gefährlichen Folgen allein der Transport von Alkohol schon haben kann.

Da wir jedoch gerade beim Thema »Störung der öffentlichen Ordnung« sind, will ich Ihnen auch ein anderes Ereignis nicht vorenthalten, bei dem ich mich als Ruhestörer profilierte.

An einem Sommerabend kehrte ich per Fußmarsch in tiefer Dämmerung von einem erfolglosen Bockansitz heim. Da entdeckte ich an einem Knick, etwa 400 Meter von unserem Grundstück und damit vom Dorf entfernt, einen großen Kater mit einem unserer letzten Rebhühner im Fang. Eines dieser von uns schon seit fast einem Jahrzehnt nicht mehr bejagten und intensiv gehegten Feldhühner durch ebendiesen Kater gemeuchelt zu sehen, ließ mich fast instinktiv reagieren. Dreimal kurz hintereinander peitschten die Schüsse aus der 9,3 Richtung Knick, und erst der letzte brachte den erwünschten Erfolg, nämlich dem Leben dieses Strauchritters ein Ende zu setzen. Dieser Feuerstoß brachte jedoch auch das genau neben unserem Haus befindliche Altenwohnheim in helle Aufruhr. Alle Fenster sah ich hell erleuchtet, aus allen lehnten sich die besorgten Bewohner, um Richtung und Identität des heranrückenden Feindes zu lokalisieren und gegebenenfalls entsprechende Maßnahmen ergreifen zu können.

Ich jedoch verschanzte mich erst einmal im Schatten einiger Bäume und wartete ab, bis die Stellungen an den Fenstern peu à peu verlassen wurden, um anschließend klammheimlich der heimatlichen Behausung zuzustreben.

Doch nun nach diesen »Knalleffekten« zurück in das Revier und in den Winterwald: Scheinbar ebenso aufgeschreckt und beunruhigt wie ich selbst, zog ein siebenköpfiger Hirschtrupp aus dem Nachbarrevier über die Grenzwiese in unseren Wald. Falls die Tiere die Richtung beibehielten, mussten sie nach Adam Riese sehr nah an mir vorbeiwechseln. Schnell bezog ich Stellung hinter einem großen Buchenstamm, da erschienen sie schon und strebten eilig einer nahe liegenden Fichtendickung zu.

Ein gut veranlagter Schaufler nach dem anderen passierte in nächster Nähe meinen Beobachtungsposten – wie bei einer Zuchtschau.

Doch halt, beim letzten Stück konnte es sich allein aufgrund der Wildbretstärke nur um einen Spießer handeln. Doch keine Spieße zierten das Haupt, nur kleine, blank gefegte Knöpfe verbargen sich zwischen den Lauschern.

Und so meldete der Kopf an das nervöser werdende, immer aufgeregter schlagende Jägerherz eine verlockende Beute. Denn Knopfspießer konnten und sollten auch außerhalb des eigentlichen Abschussplanes gestreckt werden. Doch ehe der Repetierer in die Schulter und damit in Kampfposition gleiten konnte, verschluckte die Dickung den Spuk.

Ein wenig ratlos und einfältig – »bedeppert«, sagt der Schleswig-Holsteiner – schaute ich auf die noch wackelnden Fichtenzweige. Dass die Hirsche bis zum Anbruch der Dämmerung in den Fichten verbleiben würden, stand für mich außer Frage. Auch lag die Vermutung nahe, dass sie auch den Rückwechsel über die Wiese antreten würden. An eben dieser befand sich jedoch am Waldrand eine Kanzel, und so stand der Schlachtplan für den Abend fest.

Bereits am helllichten Nachmittag erklomm ich den Ort zukünftiger Geschehnisse. Der wolkenverhangene Himmel riss mehr und mehr auf, und der sich fast rundende Mond zeichnete sich immer deutlicher aus dem Einheitsgrau ab.

Die einsetzende Dämmerung verkündete das Ende dieses trüben Januartages, doch erste blinkende Sterne und das sich immer stärker durchsetzende Mondlicht erhellten die abendliche Szenerie.

Alarmrufe aufgeregter Drosseln ließen mich aufhorchen. Suchend drangen die Augen in den sonst stillen Wald. Doch statt der ersehnten Hirsche hüpfte ein Baummarder quietschvergnügt von Ast zu Ast, von Baum zu Baum.

Während ich noch voller Entzücken dem quirligen Akrobaten nachsah, erfasste das Auge bereits einen weiteren Schatten – einen verdächtig langen Schatten mit buschiger Rute, der quer über die Wiese auf die Kanzel zuschnürte.

Mit schnellem, aber leider nicht ganz geräuschlosem Griff fasste die Hand nach der 9,3 x 62. Doch das leise metallische Klappern der Gewehrriemenbefestigung ließ alle Träume von einem schönen Fuchsbalg abrupt schwinden. Denn mit wehender Lunte verließ der Rotrock blitzartig den unheilvollen Ort. Der Ärger über dieses Missgeschick war noch nicht verflogen, da ließ mich erneut das leise Rascheln welker Blätter aufhorchen. Schon knackte ein kleines Ästchen unter vorsichtig aufgesetzten Schalen, da zogen Hirsche, und zwar genau meine Hirsche, keine 20 Meter an der Kanzel vorbei auf die mondbeschienene Wiese, verhofften jedoch sichernd in den Schlagschatten der Randbäume und zogen dicht an der Kanzel von mir weg. Wieder bildete der Knopfhirsch das Schlusslicht dieses Herrenvereins. Schon lag der Repetierer auf der Brüstung, und ich wartete auf das weitere Ausziehen der Hirsche auf die Wiese.

Doch weit gefehlt! Denn diese taten sich am Bestandesrand nieder und begannen den Abend mit einer ausgedehnten und intensiven Siesta. Nach weiteren 15 Minuten des Abwartens und des Passens, in denen mich das Jagdfieber bereits erheblich schüttelte, wurde ich langsam unruhig auf meinem luftigen Beobachtungsposten.

Da ich auch keinerlei Lust verspürte, die Kunst des Wiederkäuens einer weiteren und eventuell ziemlich langwierigen Betrachtung zu unterziehen, entschloss ich mich, die Hirsche anzugehen und glitt lautlos von der Kanzel. Nun nutzte auch ich die Schlagschatten der Bäume und schlich mich in tief gebückter Haltung von Koppelpfahl zu Koppelpfahl.

Bis auf etwa 70 Meter näherte ich mich der alle Sicherheit der Welt ausstrahlenden Idylle, da begannen die Lauscher mehr und mehr zu spielen und die ersten Häupter wandten sich in meine Richtung. Langsam ließ ich mich auf den Begrenzungswall sinken und richtete die Büchse auf die Hirsche, wobei ich das rechte Knie als Auflage nutzte.

Diese Bewegung ließ meine Gegenspieler nun endgültig auf die Läufe kommen, und alle sieben sicherten misstrauisch auf den großen dunklen Fleck, der doch zuvor nicht vorhanden gewesen war.

Dann löste sich der geringe Hirsch aus dem Pulk, zog einige Schritte vor, verhoffte breit und zeigte somit das Blatt. Ein letzter Blick auf das Haupt zeigte die kleinen, hellen Knöpfe, dann wanderte das Zielfernrohr auf das Blatt, und der Schuss brach. Nach einer tiefen Flucht preschte der Hirsch in einem weiten Halbkreis auf die Wiese, überfloh die mit Stacheldraht bewehrte Einfriedung und brach auf der dahinter liegenden Ackerfläche kurz vor Erreichen des Waldrandes verendet zusammen.

Langsam schritt ich zu dem Gestreckten, kniete nieder und betrachtete die kleinen Knöpfe. Eine kleine, geringe Trophäe, doch für mich von unschätzbarem Wert. Eben auch ein Hirsch.

Auf den Hund gekommen

Kaum ein anderes Tier ist so eng verbunden und verflochten mit der menschlichen Evolution wie der Hund. Bereits zu Zeiten der Jäger und Sammler teilte er Behausung und Futter mit unseren Ahnen, wurde in entsprechenden Notzeiten aber wohl auch selbst als Notration auf vier Beinen verspeist.

Über die Jahrtausende entwickelte sich aus dem Stammvater aller Hunderassen, dem Wolf, ein treuer Weggefährte und Begleiter. Heute existiert eine schier unüberschaubare Vielzahl von verschiedensten Züchtungen, individuell angepasst an das jeweilige Aufgabenfeld und an die Umwelt. Ob kurzbeinig oder hochläufig, kurz- oder langhaarig, einfarbig oder bunt gescheckt; ob wachsam oder phlegmatisch, mit Hängeohren oder mit Leckaugen. Für jeden Geschmack, und sei er noch so extravagant, findet sich der adäquate Vierbeiner.

Teilweise stehen zumindest mir die Haare zu Berge, wenn ich sehen muss, für welch absurde Schönheitsideale die Familie der Kaniden – teilweise unter bewusster Inkaufnahme gesundheitlicher Beeinträchtigungen – herhalten muss. Denken Sie nur an die chronischen Triefaugen, das Wegzüchten der natürlichen Behaarung oder gelenkverschleißende Beinstellungen. Viel diskutiert und hochaktuell ist auch die viel zitierte Kampfhundeproblematik. Selbstverständlich ist es zu verurteilen, lebende Kampfmaschinen zu züchten, doch frage ich mich, ob es eben diese potenzierte Aggressivität war, die zu den dramatischen Unglücks- und Todesfällen führte, die den Hund ins Gerede gebracht haben.

Denn der Hund war und ist ein Raub- und Rudeltier, bei dem letztendlich der Kopfhund, der Alpha-Rüde, entscheidet, ob die Meute angreift, sich passiv verhält oder sich gar zur Flucht wendet. Und wenn wir an unsere Wach- und Schutzhunde, aber auch an die Jagdgebrauchshunde denken, müssen wir einräumen, dass diese ihre Aufgaben ohne eine gewisse Schärfe nicht erfüllen können. Wenn ein Hund außer Kontrolle gerät, liegen meines Erachtens vielmehr schwer wiegende und tief greifende Ausbildungs- und Führungsfehler vor.

Ein Hund kann zu einer hochgefährlichen Waffe werden, die Schreckensmeldungen in der Presse beweisen es. Daher ist die Forderung nach einem Nachweis der persönlichen Eignung des Hundehalters gar nicht so weit hergeholt und durchaus zu begrüßen. Denn nur dieser ist für das Verhalten seines Rudelmitgliedes verantwortlich und nicht umgekehrt. Insofern sei darüber nachgedacht, ob Leinenzwang und Maulkorb – wenn auch nur im übertragenen Sinne – in manchen Fällen nicht für den Halter angemessener und adäquater wären als für den Hund.

Nun aber zurück zu den eigenen Hunden, die mich seit meiner Jugend mein ganzes späteres Leben begleiteten und es bereicherten. Jeder von ihnen war zweifelsohne ein Individuum, eine Persönlichkeit mit eigenen Schwächen und Stärken, Vorlieben und Abneigungen. Wenn auch so manche »Untat« Ärger und Verdruss bereitete, so überwiegen doch im Nachhinein all die fröhlichen Stunden und Begebenheiten, von denen ich Ihnen einige präsentieren möchte. Dabei verwischen mit der Zeit immer mehr auch die Grenzen zwischen Heldentat und Untat.

Cliff von der Hochantenne

Er hielt Einzug in unser Haus und unsere Herzen im jugendlichen Welpenalter und wuchs schnell zu einem stattlichen, reinrassigen Schäferhundrüden heran. Neben seinem äußeren Erscheinungsbild, heute spricht man neudeutsch von Outfit, das er bis ins hohe Alter einer intensiven und umfangreichen Pflege unterzog, vereinten sich in ihm alle positiven Attribute und Eigenschaften, die man gemeinhin einem Deutschen Schäferhund zuschreibt: mutig gegenüber Gegnern, aber auch nobel und großherzig gegenüber allem Schwachen.

So verfolgte er bedingungslos und hartnäckig jede Katze, die sich auch nur anschickte, das familieneigene Grundstück zu erkunden. Zog sich diese dann auf eines der Nachbargrundstücke zurück, würdigte er sie keines Blickes mehr, auch wenn sie keinen Meter entfernt mit steil erhobenem Schwanz provozierend an ihm vorbeistolzierte.

Eines Tages bot ein Reiterkollege mir seinen restlichen Heuvorrat an, da er dieses Hobby – für mich unverständlich – aufzugeben gedachte. Beim Aufladen der Heuballen regte sich in der letzten Ecke ein schwarzes kleines Knäuel und miaute jämmerlich. Was lag näher, als den Gift und Galle spuckenden, mit ausgefahrenen Krallen in alle Richtungen um sich schlagenden Wildling in die heimische Obhut zu nehmen. Dieser wollte jedoch von seinem späteren Glück rein gar nichts wissen und wehrte sich nach Kräften, sodass nichts anderes übrig blieb, als ihn mit ledernen Handschuhen einzufangen und fürs Erste in einen Leinensack zu verstauen. Erst auf der Heimfahrt kamen uns erste Zweifel an der Sinnhaftigkeit und Tierfreundlichkeit dieser Maßnahme, denn es stand zu befürchten, dass unser Katzen vertilgender Hauswolf ihn als Appetithappen verschlingen würde.

Zu Hause angekommen, präsentierten wir meiner Mutter bereits im Flur unseren Fang, während Cliffi, in der Ecke liegend, interessiert den Kopf hob, die Nackenhaare sträubte und erste finster grollende, knurrende Tonfolgen von sich gab. Vorsichtig öffneten wir den Sack einen Spalt breit, um Mutter für das zukünftige Pflegekind und Nesthäkchen zu begeistern. Doch dieser Rolle wurde unser Pflegling, in späteren Zeiten Stanislaus getauft, in keinster Weise gerecht. Wie Beelzebub persönlich, pechschwarz und geifernd, fuhr er aus dem Sack, krallte sich mir in Pullover und Fleisch, um eine günstige Absprungposition zu erlangen, und sprang mit einem wilden Satz dem Hund genau zwischen die Vorderläufe.

»Ade, du keiner Mäusevertilger«, dachte ich schaudernd und schaute auf die großen Reißzähne des sich ebenso schnell öffnenden Hunderachens. Doch Stanislaus ließ diese deutliche Kampfansage unbeeindruckt. Er war begeistert, endlich etwas Haariges, Wolliges als Muttterersatz gefunden zu haben, und schmiegte sich wohlig schnurrend an die Brust des Schäferhundes. Dieser riss entsetzt die Augen auf, schloss abrupt den furchtbaren Rachen und drehte, augenscheinlich auf's Peinlichste berührt, den Kopf zur Seite. Bereits am selben Abend war es dem kleinen Kater gestattet, eingerollt zwischen den Pfoten seines ungewöhnlichen Ziehvaters der Ruhe zu pflegen. Die beiden wurden Freunde fürs Leben.

Einen weiteren Beweis für seine Wesensfestigkeit und seine Fürsorge für alles Kleine und Schutzbefohlene lieferte Cliffi mit seinem Verhalten gegenüber unseren Entenküken. Bereits im Februar brütete eine unserer Flugenten fünf Küken aus, zeigte sich jedoch in keiner Weise bereit, die Verantwortung für ihren Nachwuchs zu übernehmen. Ganz im Gegenteil. Sie versagte ihnen die an diesen frostigen Tagen so dringend benötigte Nestwärme und teilte stattdessen nur gezielte, schmerzhafte Schnabelhiebe unter ihren Zöglingen aus. Diese drängten sich, buchstäblich vor Kälte schnatternd, in eine Stallecke und waren dem Kältetod nahe. Als – wenn auch nicht leiblicher – Entenvater betrachtete ich diesen Liebes- und Wärmeentzug mit großer Sorge und entschloss mich, die Küken in einem großen Weidenkorb mit in die Küche zu nehmen. Diesen Korb stellte ich dort an den Kanonenofen, der die nötige wohlige Wärme spenden sollte. Die Entenküken zeigten sich jedoch nicht sonderlich begeistert darüber, dass ich ihnen die mütterliche (Enten-)Brust entrissen hatte, und piepten, nachdem sich die Lebensgeister allmählich wieder regten, zum Gotterbarmen. Cliffi lag wie üblich ebenfalls in der Küche und äugte unverwandt und mit gespitzten Ohren in Richtung Lärmquelle.

Nach dem Mittagessen leerte sich dann die Küche und alle zogen sich zur verdienten Mittagsruhe zurück. Als Mutter und ich dann in die beheizte Kinderstube zurückkehrten, stockte uns im ersten Moment der Atem, stand doch der Hund breitbeinig vor dem Korb, während bereits vier kleine Entenkinder aufgeregt zwischen den großen Pfoten hin und her liefen. Den fünften Sprössling hielt Cliffi gerade im Fang, um ihn dann vorsichtig wie ein rohes Ei auf den Fußboden der Küche zu setzen. Ein wahrhaftig einmaliges Bild.

Übrigens entließen wir die fünf Waisenkinder etwa 14 Tage später an einem sonnigen, trockenen Tag zu ihrem ersten Freigang auf den Rasen. Nachdem sich die Rasselbande einigermaßen auf dem grünen Rasen akklimatisiert hatte, gingen wir unserer gewohnten Tagesbeschäftigung auf dem Grundstück nach, wobei uns Cliffi ausnahmsweise nicht begleitete. Stattdessen hielt er sich stets in der Nähe der Entenkinder auf. Vielleicht eine halbe Stunde später trabte er flott auf uns zu, setzte sich auf die Keulen und fing an zu bellen, lief wieder einige Meter zurück Richtung Haus und bellte abermals. Erst konnten wir uns dieses Verhalten nicht recht erklären, schließlich aber folgten wir ihm. Immer wieder rannte der Hund ein Stück voran, wartete, bellte und führte uns zu einem Kellerschacht, in den eine der kleinen Enten gefallen war und dort jämmerlich piepte. Ja, auf Cliffi war eben Verlass.

Doch auch in anderer Hinsicht war er sehr zuverlässig. Denn so liebevoll und tolerant er sich gegenüber Wehrlosen präsentierte, so bedingungslos und konsequent zeigte er sich als Schützer und Wächter von Haus und Hof.

In diesem Zusammenhang ist mir ein Ereignis besonders in Erinnerung geblieben. Es war an einem Abend, den ich einhütenderweise allein zu Hause verbrachte. Es fing schon leicht an zu dämmern, als ein tief liegender Mercedes der S-Klasse, allerdings bereits älteren Baujahrs, vor der verschlossenen Auffahrt unseres Grundstückes hielt. Ein zwar kleiner, aber außerordentlich beleibter Herr mittleren Alters zwängte sich mühsam aus dem ja eigentlich recht geräumigen Gefährt und strebte zwar gemessenen Schrittes, aber zielstrebig unserem Haus zu. Ich beobachtete diese Vorgänge vom Garten aus und beeilte mich, von der Rückseite her, sprich durch die Hintertür, in unsere vier Wände zu gelangen.

Schon klingelte es, und der Herr verlangte außerordentlich resolut, den Herrn des Hauses zu sprechen, und zwar augenblicklich. Dabei betrachtete er mich missbilligend und abschätzig von oben bis unten. Dieses arrogante und überhebliche Auftreten verärgerte mich natürlich, und ich antwortete ziemlich barsch, dass gerade derselbe vor ihm stünde. Daraufhin verlangte er unverzüglich Einlass, um mir echte Orientteppiche sowie silberne Bestecke von unglaublicher Qualität zu einem nicht zu unterbietenden Sonderpreis zu offerieren. Dies lehnte ich natürlich kategorisch ab und sah dabei aus dem Augenwinkel, wie Cliffi aufmerksam von der halb geöffneten Küchentür her der doch eigenartigen Unterhaltung folgte. Schon stellte der dicke Herr provozierend seinen Fuß in die Tür, worauf ich ihn nachdrücklich aufforderte, unser Anwesen zu verlassen, und das Gespräch für beendet erklärte. Eine wahre Flut wüstester Beschimpfungen ergoss sich über mich, sodass ich meinen Bildungshorizont in dieser Beziehung erheblich erweitern konnte.

Nun hatte ich aber die »Faxen dicke«: Ein kurzer Pfiff, schon war Cliffi an meiner Seite und ließ ein dumpfes Grollen hören. Doch auch dies ließ den zwielichtigen Verkäufer dubioser Waren noch nicht mit seinen Schimpftiraden innehalten. Was folgte, war ein kurzer Griff in das Halsband und das Kommando: »Putz ihn weg!« In Bruchteilen einer Sekunde hatte ich eine wahre Bestie zu bändigen, die, auf den Hinterbeinen aufgerichtet, die Vorderläufe gegen die türfüllende Brust des Mannes stemmte und die gewaltigen, Furcht erregenden Reißzähne wild bellend in Augenhöhe in Position brachte.

Heißer Atem und Geifer wehten dem Dicken ins Gesicht und nahmen ihm augenblicklich die Lust zu weiteren Schimpftiraden. Wie eine Kanonenkugel schoss er vom Hof und entwickelte dabei eine Geschwindigkeit, die man ihm angesichts seines Leibesumfangs niemals zugetraut hätte. Ich sah ihn – wen will es verwundern – nie wieder.

In Sachen Wild verhielt sich Cliff vorbildlich. Egal, ob Rehwild oder ein plötzlich aufstehender Hase, er zeigte keinerlei Ambitionen zum Nachsetzen oder gar zum Hetzen, obzwar er die Angelegenheit durchaus interessiert zur Kenntnis nahm. Nur gegen Ratten, die durch das zahlreiche Geflügel respektive dessen Futter immer wieder versuchten, auf unserem Grundstück Fuß zu fassen, ging er radikal und rücksichtslos vor. Als typischer Kopfhund akzeptierte er nur meine Eltern als Meuteführer. Wir Kinder konnten zwar an ihm zerren und ziehen, mit ihm tollen und spielen, wobei insbesondere das Apportieren von Stöckchen einen breiten Raum einnahm, aber Befehle, die ihm nicht in den Kram passten, ignorierte er geflissentlich.

Menschen gegenüber, die nicht zur Familie gehörten, blieb er misstrauisch. Als ein Bekannter meines Vaters mit dem barschen Kommando »Sitz!« uns seine Qualitäten als Hundeausbilder demonstrieren wollte, war ein ebenso barsches Knurren und Zähnefletschen die unmittelbare Reaktion. Der Bekannte fühlte sich in seiner Autorität natürlich empfindlich getroffen und wiederholte den Befehl in noch schärferem Ton. Hätte Vater den Hund nicht am Halsband zurückgezogen, er wäre seinem Möchtegern-Dompteur wohl an die Kehle gegangen.

Hunden wird, wie ja allen anderen Tieren auch, nach geltender Lehrmeinung ein rein instinktmäßiges Verhalten nachgesagt. Sie seien nicht in der Lage, Überlegungen anzustellen oder Folgerungen zu ziehen. Dem möchte ich an dieser Stelle entschieden widersprechen und dieses Dementi mit einem Beispiel belegen.

Unsere Terrasse, von unzähligen Ameisenvölkern in bewundernswerter Kleinarbeit unterminiert, bedurfte der Erneuerung. Zwei Mitarbeiter der beauftragten Firma machten sich ans Werk. Cliffi kümmerte sich nicht weiter um diese baulichen Aktivitäten. Er lag tief schlummernd auf der Terrasse und ließ die Arbeiter ohne sichtbare Reaktion gewähren. Sie durften sogar über ihn hinwegsteigen. Als jedoch der eine sich von der Arbeitsstätte entfernte, um den großen Fischteich zu bewundern, war es mit der Schläfrigkeit vorbei. Flugs umrundete er den Baustellenflüchtigen und wies ihn mit gefletschten Zähnen auf die Erfüllung seiner Pflichten hin. Als der Mann dann mit leicht blasser Nasenspitze wieder ordnungsgemäß seiner Arbeit nachging, kehrte auch der Hund auf die Terrasse zurück und legte sich dazwischen, als sei nichts geschehen. Wie könnte ein vollständig durch Instinkt geprägtes Verhalten solches Tun erklären? Ich weiß es nicht!

Ein dickes Buch ließe sich füllen mit all den Geschichten und Episoden, die uns unser Cliff von der

Hochantenne bescherte. Ich möchte es an dieser Stelle damit bewenden lassen, komme ich doch sonst mit dem jagdlichen Titel dieses Buches in arge Konflikte.

Cliffi begleitete uns fast zwölf Jahre. Er nahm Anteil an unserem Leben, wie er auch andererseits unser Leben prägte. Dieses Kapitel soll ein kleines Denkmal sein für einen Hund, der sehr viel Freude und Licht in unser Dasein brachte und der sicherlich anderswo als Schutzhund hätte Karriere machen können. Stattdessen landete er bei uns. Ich glaube jedoch, er hat uns das nicht verübelt.

Keck von der Rethwisch

Ich kam zu diesem Hund fast wie die Jungfrau zum Kinde. Ein alter Schul- und Jugendfreund meines Vaters, passionierter Jäger sowie versierter, weithin bekannter und erfolgreicher Züchter von Kleinen Münsterländern und Teckeln, lud uns eines Tages zu Besuch und zur Besichtigung seines landwirtschaftlichen Anwesens ein. Denn neben seiner hauptberuflichen Tätigkeit im Kreditgewerbe widmete sich dieser tüchtige Mann einem weiteren Hobby, nämlich der Landwirtschaft. Angesichts der Intensität, mit der er es betrieb, möchte ich hier von einer Passion sprechen. Neben Schweinen und Pferden tummelten sich dort Ammenkühe nebst Nachwuchs, Schwarzwild in einem großzügigen Gatter und alle nur möglichen Formen von Geflügel. Da ich selbst in ähnlicher Richtung ambitioniert bin, fühlte ich mich bereits im Vorfeld in einer Art Seelenverwandtschaft stark zu ihm hingezogen.

Und so bestiegen meine Frau, damals noch meine Verlobte, und ich unser Gefährt und fuhren erwartungsvoll über den Nord-Ostsee-Kanal. Wie der Zufall es wollte, warteten sowohl die Münsterländer- als auch die Teckelhündin gerade zu diesem Zeitpunkt mit etwa acht Wochen altem Nachwuchs auf. Noch sehr tollpatschig, jedoch schon voller Tatendrang wimmelten überall auf dem Hof kleine Welpen herum, rangelten sich um eine alte Rehdecke, balgten miteinander oder ließen sich, auf dem Rücken liegend und alle vier Pfoten hoch in die Luft gestreckt, einfach nur die warme Sonne auf den Bauch scheinen. Wem bei einem solchen Anblick und bei so viel Lebensfreude nicht das Herz aufgeht, der hat vieles in seinem Leben versäumt und meine aufrichtige Anteilnahme.

»Mensch, du bist doch auch Jäger, dann musst du doch einen Hund haben!«

Dieser Ansicht war aus waidmännischer Sicht nicht viel entgegenzusetzen, und die anfangs noch recht unerschütterlich und entschieden klingende Ablehnung verlor im Laufe des Nachmittags immer mehr an Glaubwürdigkeit. Besonders ein kleiner Rüde aus dem Stamme der Münsterländer wich nicht mehr von unserer Seite und schleppte, sprich: apportierte, alle seine persönlichen Habseligkeiten wie Kaninchenpfote und alte Socken zu uns. Auch meine Frau warf dem kleinen Burschen immer verliebtere Blicke zu, und dieser ließ sich von ihr nach Herzenslust abschmusen und verwöhnen.

Ein kurzer, aber intensiver Blickkontakt, ein beiderseitiges zustimmendes Nicken, und die Entscheidung war gefallen. Den nehmen wir!

Mir ist und war auch damals schon klar, dass ein Hundekauf sorgfältig überlegt und geplant sein sollte, doch andererseits sind die Spontanentscheidungen häufig die besten. So haben wir auch diese »Blitzaktion« nie bereut.

Nun folgte die Organisation des Heimtransportes. Während meine Frau sich an das Lenkrad setzte, quartierte ich mich auf dem Beifahrersitz ein und nahm den Kleinen samt seiner alten Decke auf meinen Schoß. Kecki, so war sein Name, gähnte einmal herzhaft, streckte sich genüsslich, drehte sich danach einmal um sich selbst, rollte sich ein und fiel fast sofort in einen tiefen Schlaf. Nur einmal auf der 45 Minuten währenden Fahrt öffnete er die Augen, setzte sich leicht auf und nässte mir kurz, aber dafür umso konsequenter, auf und durch die Hosen. Mit seiner Leistung scheinbar durchaus zufrieden, schlief er anschließend wieder den Schlaf des Gerechten. Die bereits hier gezeigte Wesens- und Charakterstärke ließ Großes erahnen, und später ist er derartigen Erwartungen in jeder Hinsicht gerecht geworden.

Zu Hause angekommen, gab es natürlich erst einmal ein großes Hallo und beträchtliche Aufregung aufgrund des plötzlichen Familienzuwachses. Doch auch dieser Trubel um seine Person kümmerte den kleinen Hund herzlich wenig. Unbekümmert und breitbeinig strebte er sofort auf seinen Stubenkollegen, den im vorherigen Kapitel bereits eingehend beschriebenen Cliff, zu. Dieser stellte wiederum seine Tugenden als Grandseigneur eindrucksvoll unter Beweis und trat bereitwillig seine Rolle als Ziehvater an. Der Einzige, der sich mit dieser neuen Situation ganz und gar nicht identifizieren konnte, war unser Kater Stanislaus, der sich aus seiner bisherigen Position schmählich verdrängt fühlte. So blieb auch das Verhältnis dieser beiden ein Leben lang angespannt, und vor allem der Kater nahm stets eine misstrauische Hab-Acht-Stellung ein, wenn der Kleine Münsterländer seinen Weg kreuzte.

Falls die beiden Hunde spielerisch oder auch einmal etwas ernster aneinander gerieten, ergriff Stanislaus ausnahmslos und eindeutig die Partei des Schäferhundes und ließ dieser Parteinahme häufig auch Taten folgen. Als beispielsweise die beiden Hunde vor dem Stallgebäude um einen Stock rangelten, wobei jeder an einem Ende des Streitobjektes aus Leibeskräften zog und riss, stürmte urplötzlich Stanislaus wie ein schwarzes Unwetter auf den Kleinen Münsterländer zu und krallte sich, dabei wild fauchend, mit allen zur Verfügung stehenden Krallen im Rücken seines ständigen Kontrahenten fest. Diese aus dem Hinterhalt durchgeführte Attacke ließ Keck vor Schreck und Schmerz kurz aufwinseln, sodass sich der im Stock verbissene Fang für einen kurzen Moment lockerte. Diese Chance nutzte natürlich der Schäferhund und zog siegesbewusst und mit stolzgeschwellter Brust mit seiner vermeintlichen Beute von dannen. Der Kater war jedoch genauso schnell, wie er sich ins Kampfgetümmel gestürzt hatte, wieder von der Bildfläche und damit im Schuppen verschwunden, sodass etwaige Racheakte vonseiten des Unterlegenen oder, besser gesagt, schnöde Überrumpelten, unterbleiben mussten.

Eine ähnliche Attacke musste Kecki einige Monate später während erster Apportierübungen über sich ergehen lassen. Vater hatte bei einem kurzen Spaziergang über die an unser Grundstück grenzende Hausweide ein frisch verendetes Jungkaninchen gefunden. Was lag also näher, als dieses für eine erste Schleppenlektion zu nutzen. Die Schleppe führte kreuz und quer über das weitläufige Grundstück und endete kurz vor dem bereits erwähnten Schuppen, gleichzeitig erwähltes Domizil unseres schwarzen Stubentigers. Dessen Anwesenheit hatten wir jedoch bei der Planung des Schleppenverlaufes in keinster Weise einkalkuliert. Kecki arbeitete die Duftspur hochkonzentriert mit tiefer Nase, fast pflügte er durch den Rasen. Je mehr wir uns dem Ende der Schleppe und damit dem Kaninchen näherten, desto heftiger lag er im Riemen. Mit wilder Gier stürzte er sich auf den bereits Verschiedenen und warf ihn kurz im Fang hin und her, um ihn in die richtige Schlingposition zu bringen.

Das Ende dieser hoffnungsvoll begonnenen Übung war selbstverständlich ganz anders vorgesehen, nämlich in der Herausgabe des Kaninchens mit anschließendem Lob und einigen Belohnungsbrocken. Doch mit dieser angedachten Version zeigte sich Kecki in keinster Weise einverstanden, und er versuchte, seine redlich erarbeitete Beute auf schnellstem Wege zu verspeisen.

Diese vom Hund präferierte Lösungsvariante konnte Vater natürlich nicht tolerieren, und es entspann sich ein heftiger Kampf um das Beutegut. Dabei versperrte das wollige Knäuel nicht nur den Schlund des Hundes, sondern lag zudem noch quer vor dessen Luftröhre, während Vater mit aller Kraft versuchte, den Fang zu öffnen, sodass neben den »Aus«- und »Gib sofort her«-Rufen röchelnde, nach Luft ringende, dabei gleichzeitig versuchsweise knurrende Laute des Hundes eine unüberhörbare Geräuschkulisse bildeten, die den Kater auf den Plan rief.

Ob nun Stanislaus sich selbst Chancen auf das schmackhafte Wildbret ausrechnete oder uns einfach nur zur Hilfe eilen wollte, ist bis heute ungeklärt und wird sich sicherlich auch nie erhellen lassen. Während dieses Schlachtengetümmels stürzte er jedenfalls aus der offen stehenden Stalltür und krallte sich in altbewährter Manier in den Rücken des ohnehin schon stark Bedrängten. Dabei trug er mit wildem Miauen das seine zum allgemeinen Getöse bei. Doch Kecki schien diesmal so mit der Verteidigung beschäftigt, dass er den zusätzlichen Gegner nicht einmal zur Kenntnis nahm. Nach langem Ringen gelang es Vater dann, sich das Kaninchen anzueignen und damit als Sieger aus dem Streit hervorzugehen. Wie schon beim ersten Mal verschwand Stanislaus nach dieser Entscheidung genauso schnell und lautlos, wie er lärmend erschienen war.

Dieses Ereignis zeigte schon sehr frühzeitig die absoluten Kopfhundeigenschaften dieses Münsterländers, die nur mit äußerster Konsequenz des Führens zu beherrschen waren.

Kurze Zeit danach übernahm Vater dann die Ausbildung dieses hochveranlagten Hundes, da ich mich, wie bereits erwähnt, selbst intensiv mit meinem eigenen Studium beschäftigen musste. Einige meiner eigenen Erlebnisse mit Keck habe ich bereits im »Rehbockkapitel« niedergeschrieben, sodass die folgenden Höhepunkte aus der Zeit der Abrichtung und Führung unseres Kecki allesamt in Vaters Regentschaft fallen.

Vor allem die angewölfte, außerordentliche Apportierfreude bescherte Vater so manche Überraschung. So traf man sich während des Hundeführerlehrgangs abwechselnd in verschiedenen Revieren, um die jeweils unterschiedlichen Begebenheiten entsprechend vielseitig nutzen zu können. An einem Wochenende stand eine Stöberjagd an einem größeren Teichareal, ringsherum auf viele Meter mit Binsen und Schilf umstanden, auf dem Trainingsplan. Während ein Großteil der Deutschkurz- und -drahthaarhunde nach geraumer Zeit erste Konditionsschwächen aufwiesen, durchstöberte Kecki laufend und schwimmend weiterhin hochmotiviert die Schilf- und Wasserflächen. Diese immense Ausdauer resultierte insbesondere aus den kontinuierlich gesteigerten Fahrradtouren, die Vater täglich, bei jedem Wind und Wetter, mit dem Hund absolvierte.

Etliche Blesshühner hatte Kecki bereits aus dem Schilfverhau gedrückt und nach dem Schuss anstandslos apportiert. Der letzte Teich war erreicht, und Kecki entschwand wieder in den Stängelwirrwarr und damit aus den Blicken. Minute um Minute verrann, doch von Kecki keine Spur. Langsam stieg erste Nervosität auf. Sollte sich der Hund irgendwo verfangen haben? Da schob sich, quer über den sicherlich drei Hektar großen Teich, ein weißer, voluminöser Haufen über die Wasserfläche, direkt auf die wartenden Jäger zu. Erstaunte Gesichter und fragende Blicke machten die Runde ob dieses nicht identifizierbaren Schwimmobjekts, zumal dieser weiße Klumpen auch noch schnorchelnde, prustende Geräusche von sich gab. Doch dann klärte Keck von der Rethwisch alle Fragen. Er war es nämlich, und er schob einen längst verendeten Höckerschwan vor sich her und brachte ihn seinem wartenden Herrn. Damit war er der Held des Tages.

Lassen Sie mich ein zweites Beispiel für diese natürliche Apportierfreude und Finderwillen anfügen. Die Fuchsschleppe war bereits gelegt, und Vater schickte den Kleinen Münsterländer auf die Reise, während sich die übrigen Rüdemänner auf einer kleinen Erhebung in der Feldmark versammelt hatten, um die Arbeit kritisch zu begutachten. Schon bohrte sich die Hundenase in die Ackerkrume, und Kecki folgte zielstrebig und hochkonzentriert der Duftspur des Fuchses. Auf halber Strecke führte die Schleppe an einem Knick vorbei, und hier passierte es: Plötzlich warf der Hund in Pointermanier den Kopf hoch, markierte kurz und stürmte dann in langen Sätzen Richtung Knick. Vater klappte fast der Unterkiefer herunter wegen dieses mehr als ungebührlichen Verhaltens. Bei dem einen oder anderen seiner Führerkollegen indessen zeigte sich bereits ein breites und hämisches Grinsen, was auch nicht dazu beitragen konnte, die aufsteigende Verärgerung zu verringern. Doch im selben Moment kroch Kecki unter einem breiten Dornenverhau hervor, einen bereits total verluderten Hasen im Fang. In vollem Galopp kehrte er dann zu meinem Vater zurück, legte den Hasen vor dessen Füßen ab, wendete auf der Hinterhand, fiel wieder die Fuchsschleppe an, arbeitete diese, diesmal ohne weitere Unterbrechung, bis zum Ende und apportierte dann den Fuchs. Jetzt wechselte das Szenenbild, denn während Vater ein strahlendes Lächeln aufsetzte, war es an den übrigen Rüdemännern, die Kiefer nach unten klappen zu lassen und mit offenen Mündern dazustehen. Tja, der Kecki war eben ein Prachtkerl!

Weniger beliebt machte sich dieser Prachtkerl jedoch nur einige Tage später bei meiner Mutter.

Weihnachten stand nämlich vor der Tür, und wie in jedem Jahr bereitete Mutter köstlich duftende Plätzchen vor, die uns diese Festtage entsprechend versüßen sollten. Kecki lag, wie üblich, auf seinem Platz in der Küche und zeigte bei der Vorbereitung der kulinarischen Verheißungen demonstratives Desinteresse. Er hob nicht einmal den Kopf. Dieses Verhalten hätte uns eigentlich schon stutzig machen müssen, denn Fressen in allen nur erdenklichen Variationen war einer seiner wesentlichen Lebensinhalte. Diese gespielte Gleichgültigkeit schwand dann auch blitzartig, nachdem Mutter die Plätzchen zum Auskühlen auf die Anrichte gestellt und nur für einen kurzen Moment die Küche verlassen hatte. Auf diese Chance hatte Kecki natürlich nur gewartet, und er nutzte sie rigoros.

Ein lautes Scheppern hallte durch das Haus und ließ uns, nichts Gutes ahnend, Richtung Küche eilen. Das Backblech lag am Boden, selbstverständlich ohne Kekse. Dafür führte eine unübersehbare Krümelspur Richtung Hundedecke, auf der Kecki mit Unschuldsmiene lag – noch ein wenig schmatzend und dabei unsicher mit der Rute wedelnd. Die Indizienkette war somit eindeutig, der Täter aber in keiner Weise geständig. Bei allem Ärger über die entgangenen Gaumenfreuden konnten wir uns nur anschauen und lachen.

Diese Unart, den Esstisch bei jeder nur erdenklichen Gelegenheit abzuräumen – dabei denke ich beileibe nicht an den geordneten Küchendienst –, war Kecki sein Leben lang nicht abzugewöhnen, und es grenzte stets ans Wunderbare, in welch affenartiger Geschwindigkeit er Wurst, Butter und Brot in sich hineinschlingen konnte. Da riet uns ein guter Bekannter zu einer Rosskur.

Eine auf der Anrichte fängisch gestellte Mausefalle, beködert mit betörender Leberwurst, sollte dem unverfrorenen Plünderer ein für allemal die Lust an den verbotenen Früchten verderben, denn ein zuschnappender Schlagbügel ist für eine empfindsame Hundenase alles andere als angenehm. Wir hatten die Küchentür gerade geschlossen und standen lauschend davor, da hörten wir schon leise tappende Schritte und kurz darauf das »Klack« der ausgelösten Falle. Einem kurzen Aufjaulen folgte ein bitterböses Bellen. Leise öffneten wir die Küchentür, und uns bot sich ein wunderbares Bild. Breitbeinig mit gesträubtem Nackenhaar stand Kecki vor der auf dem Fußboden liegenden Falle und verbellte diese wütend mit verdrehten Augen. Als er unsere Anwesenheit dann registrierte, marschierte er, angewidert ob der menschlichen Schlechtigkeit und immer noch dumpf vor sich hin knurrend, zurück auf seinen Platz. Uns würdigte er dabei keines Blickes.

Doch wer da glaubt, diese schmerzhafte Erfahrung hätte den Hang zu diebischen Aktivitäten gebremst, der irrt. Schon kurze Zeit später folgte die Rache auf dem Fuße. Wie jedes Jahr stand der festlich geschmückte Weihnachtsbaum in der Wohnstube. Schokoladen- und Nougatkugeln sowie andere Süßigkeiten in beträchtlicher Zahl zierten die Nordmanntanne neben den Christbaumkugeln und den Kerzen. Während des obligatorischen Kirchganges war das Haus und damit natürlich auch der Tannenbaum unbeaufsichtigt, jedoch bewacht von Cliffi und Kecki. Dabei hatte Keck – wie passend war doch der Name – zum Thema »Bewachung« eine grundlegend andere Auffassung als wir. Da zudem unbedachterweise vergessen worden war, Küchen- und Stubentür ordnungsgemäß zu verschließen, dehnte Kecki bei eingekehrter Ruhe seine Hauspatrouillen auch auf den Stubenbereich aus. Hierbei wurde auch der bisher unbekannte Weihnachtsbaum entdeckt und einer umfangreichen Inspektion unterzogen. Erste Folge war ein kräftiger Urinstrahl, mit dem der Baum markiert und somit ins Eigentum einbezogen wurde. Da man ja bekanntlich über Eigentum – und dann noch in unmittelbarer Zugriffsmöglichkeit – frei verfügen kann, nahm Kecki diese Gelegenheit auch unverzüglich wahr und pflückte systematisch alles, was irgendwie nach Zucker oder Schokolade roch, vom Baum. Immerhin ließ er dabei so viel Vorsicht walten, dass der Baum selbst nicht ins Wanken geriet oder irgendwelchen Schaden nahm. Wie er es schaffte, das Papier so säuberlich von dem Schokoladeninhalt zu trennen, ist bis heute ein Rätsel. Tatsache war jedoch, dass wir bei unserer Rückkehr einen abgeernteten Baum und überall in der Stube verstreute Papier- und Stanniolreste vorfanden. Der Hund lag indessen mit freudig verklärtem Gesicht und wohl gefülltem Magen selbstzufrieden eingerollt in einem der Wohnzimmersessel, wobei er das eine oder andere Verdauungsgeräusch von sich gab.

Ich wollte jedoch von den Heldentaten und nicht nur von Untaten erzählen.

In der relativ offenen Feldmark stellt sich das Damwild mit Vorliebe in den Knicks ein, da diese zum einen Windschutz bieten und zum anderen einen guten Überblick über die Umgebung gewähren. Chancen auf ein Waidmannsheil bieten sich in der Regel nur dann, wenn das Damwild auf der einen Seite des Knicks niedergetan ist und man sich geduckt auf der anderen Seite heranpirschen kann. Sobald aber das Wild direkt auf dem Wall steht, sinken die Aussichten auf Erfolg gegen null.

An einem winterlichen Samstagmorgen fuhr Vater auf den Plattenwegen durch die Feldmark, um verschiedene Marderbunker zu kontrollieren. Dabei entdeckte er an einem der Knicks, der parallel zum Weg führte, einen Trupp Damwild stehen. Das Fernglas zeigte zwei Alttiere und zwei Schmaltiere, die vertraut im Windschatten an einigen Brombeerblättern ästen. Die Entfernung betrug etwa 500 Meter, doch die Tiere hatten bereits das haltende Fahrzeug entdeckt und begannen, beunruhigt am Knick auf und ab zu ziehen. Um eine vorzeitige Flucht zu verhindern, fuhr Vater kurzerhand weiter, um außer Sicht den Geländewagen abzustellen und sich, den Wind im Gesicht, vorsichtig von der entgegengesetzten Seite zu nähern. Die Waffe bereits im Halbanschlag, pirschte er Schritt für Schritt am Knick entlang, bis er das Damwild auf etwa 90 Schritt durch den Knick hindurch ausmachen konnte. Doch auch den Tieren war die feindliche Annäherung nicht ganz entgangen, sie waren sich jedoch noch nicht ganz sicher, wer sich auf der anderen Seite des mit Hasel und Buche bestandenen Erdwalls herumtrieb. Beunruhigt und immer wieder zum Knick zurückäugend, zog der vierköpfige Trupp auf den Acker. Vater hatte sich in der Zwischenzeit auf dem Wall in eine liegende Schussposition gebracht und beobachtete das Wild durch das Zielfernrohr. Da begann ein Stück zu schmälen und mit dem Vorderlauf zu stampfen, Lauscher und Lichter direkt auf ihn gerichtet. Kein Zweifel, er war entdeckt. Als ein Alttier bereits im Troll das Blatt freigab, zog er mit und raus war der Schuss aus der 30/06. Ein kaum erkennbares Zeichen des beschossenen Stückes, und schon setzten alle vier hochflüchtig über den leicht angefrorenen Acker. Nachdem sie einen Parallelknick überflohen hatten, gerieten sie für Vater vollständig außer Sicht.

Erst einmal tief durchatmen und das Geschehene Revue passieren lassen, hieß die Devise. Die dann folgende Erkundung des Anschusses erbrachte nur helles Schnitthaar und einige Tropfen wässrigen, hellen Wildbretschweiß. Zweifelsfrei ein tiefer Schuss durch die Dünnungen. Hier konnte nur Kecki helfen. Genau zwei Stunden später legte Vater den Hund zur Fährte, der diese sofort begierig anfiel. Schon war die Ackerfläche überwunden und der Knick erreicht, an dem Vater das Damwild aus den Augen verloren hatte. Mit einem Riesensatz überwand der Hund diesen Erdwall, führte aber nicht, wie erwartet, quer über die nächste Koppel, sondern arbeitete die nicht sichtbare Wundspur an der anderen Seite entlang. Keine 150 Meter dauerte die Folge an der Knickkante entlang, da regte sich etwas zwischen den trockenen Gräsern und den Dornen mitten auf dem Wall. Schon ging das Damtier, das sich hier augenscheinlich im Wundbett niedergetan hatte, hochflüchtig über den Acker. Vater schnallte den heftig Laut gebenden Hund sofort los, und die Hetze begann. Bereits nach kürzester Zeit waren beide aus dem Gesichtsfeld entschwunden, und auch der vor Passion sich überschlagende Laut des Hundes wurde leiser und leiser. Also die Beine in die Hand genommen und hinterher. Das gestaltete sich durch den lehmigen, schweren Ackerboden von Meter zu Meter immer schwieriger, denn der klebrige Untergrund an den Stiefeln wuchs und wuchs. Schon dampfte Vater aus allen Poren, nur noch stoßweise ging der Atem. Jetzt nur nicht aufgeben. Glücklich erreichte er den nächsten Plattenweg und konnte sich erst einmal von dem schweren Ballast an den Füßen befreien. Gleichzeitig beobachtete er, wie Damtier und Kecki sich in windender Fahrt einem sumpfigen kleinen, mit Erlen bestandenen Feldgehölz näherten, durch das ein breiter Entwässerungsgraben führte. Kecki hatte bereits kräftig aufgeholt und klebte quasi an den Hinterläufen des langsam müde werdenden Alttieres. Unter Aufbietung der letzten Kraftreserven versuchte dieses, mit einer gewaltigen Flucht über den etwa zwei Meter breiten Graben zu setzen. Zeitgleich erreichte der Hund die Flanken und fasste erstes Haar. Aufklagend keilte das Stück nach hinten aus. Dadurch misslang der Sprung, und das Tier stürzte laut aufklatschend in das eiskalte Wasser. Ohne sich zu besinnen, sprang auch Kecki in die schmutzig braunen Fluten, und der Kampf begann.

Nur wenig später traf auch Vater – noch völlig außer Atem – am Ort des Geschehens ein, wo ihn wildes Schlachtgetümmel empfing. Beide Tiere verschmolzen zu einer sich fortwährend drehenden Masse. Gischt spritzte über die Grabenkanten, mal wurde das Haupt des Damtieres sichtbar, einen Moment später erschien für einen kurzen Augenblick Keckis Kopf an der Wasseroberfläche. Einen Fangschuss unter den gegebenen Umständen anzubringen, war schlichtweg unmöglich. Doch schon schloss sich Keckis Fang um die Drossel, hielt unerbittlich fest. Ein letztes wildes Aufbäumen, ein gurgelnder, ersterbender Angstschrei. Das Schlegeln verebbte, das Tier war verendet. Vater stürzte zum Graben, versank bis zu den Hüften im Wasser, bekam jedoch einen der noch schwach zuckenden Hinterläufe zu fassen und zog Damwild und den fest verbissenen Hund gemeinsam aus dem nassen Element. Doch wen kümmerte jetzt noch das bisschen Wasser. Die Beute war sicher geborgen, der Hund lag schwer keuchend, doch gesund daneben.

Welch ein Glück und eine Gnade, einen solchen Hund besitzen und führen zu dürfen.

Wenn einer eine Reise tut ...

Es ist doch eigenartig. Man hat ein über 1000 Hektar großes Revier direkt vor der Haustür, in dem außer Rotwild alles einheimische Schalenwild zu Hause ist, darf dort relativ selbstständig schalten und walten, und trotzdem strebt das unstete Jägerherz in fremde Gefilde. Jahr für Jahr ließ ich mir allerlei Prospekte verschiedener Jagdreisevermittler schicken und blätterte mit sehnsüchtigen Augen in den bunten, unzählige Waidmannsfreuden versprechenden Seiten. Damals befand ich mich noch mitten im Studium, während meine Frau den gemeinsamen Unterhalt bestritt. Unser nicht allzu dickes finanzielles Polster machte weitere, detaillierte Planungen jedoch leider gegenstandslos, und so blieben nur sehnsüchtige Blicke und entsagungsvolle Stoßseufzer. Zu allem Überfluss fuhr Vater dann an einem schönen Maitag mit Tante und Onkel, beide ebenfalls passionierte Jäger, sowie weiteren guten Bekannten Richtung Polen auf Bockjagd und berichtete eine gute Woche später über dieses herrliche Jagdland, die unberührte Natur und die gastfreundlichen Menschen.

Immer heißer und begehrlicher brannte das Fernweh in meiner Brust, da brachte eine Kette von Gegebenheiten die endgültige Entscheidung. Ich selbst hatte soeben das Grundstudium mit Bravour und in kürzester Zeit abgeschlossen, und eben erwähnte Tante und Onkel planten eine erneute Jagdreise nach Polen, um den stattlichen und damals – das heißt Ende der Achtziger – noch teilweise staatlichen Rotwildbeständen einen bewaffneten Besuch abzustatten. Organisiert und vermittelt wurde diese Reise übrigens von einem bajuwarischen Jagdreisevermittler fast gleichen Namens, den ich in diesem Zusammenhang nur wärmstens empfehlen kann. Organisation und Betreuung waren erstklassig.

Im Herbst 1989 ging es dann los, und ich bin meiner Frau noch heute dankbar, dass sie ihren universitätsgestressten Ehemann mit guten Wünschen ziehen ließ.

Ich selbst erhielt Mitfahrgelegenheit im VW-Bus von Jagdfreund Kalle, der in seiner unnachahmlichen lebensfrohen und freundlichen Art als exzellenter Polenkenner jedes Problem bravourös zu meistern wusste. Ihm sowie allen anderen Insassen seines geräumigen Gefährts stand mit meinem Zusteigen eine erste schwere Prüfung, respektive ein Angriff auf deren Geruchsnerven bevor. Denn wir hatten die bevorstehende Abreise bereits am Vorabend mit einem zünftigen Schneckenessen inklusive Unmengen von Knoblauchbutter gefeiert. Dabei war auch einem ausgezeichneten österreichischen Wein intensiv zugesprochen worden. Der daraus resultierende Duft füllte natürlich am nächsten Morgen innerhalb kürzester Zeit den VW-Bus und brachte meine Mitstreiter in höchste Atemnöte. Be- und Entlüftungspausen vollzogen sich entsprechend häufig, und ich bin Kalle noch heute dankbar dafür, dass während dieser langen Fahrt keine Zwangsausquartierung vorgenommen wurde. Im Gegenteil, ich wurde nicht einmal bei den Fahrerwechseln einbezogen und schlief nach dem vorabendlichen Gelage die meiste Zeit der Tour den Schlaf des Gerechten.

Nach einer ansonsten reibungslosen Fahrt durch Schleswig-Holstein querten wir das wunderschöne Mecklenburg-Vorpommern, von dem noch zu einem späteren Zeitpunkt viel zu berichten sein wird, und erreichten endlich den Grenzübergang. Hier schien unsere Fahrt zunächst einmal ein abruptes Ende zu finden, denn eine kilometerweite Blechkolonne stand vor uns und ließ den Grenzübergang eher erahnen als sehen. Schon richteten wir uns stöhnend und murrend auf eine stundenlange Warterei ein, als ein DDR-Grenzposten an der endlosen Autoschlange entlangpatrouillierte. Am Ende dieses Karossenaufmarsches, also bei uns, blieb er stehen und blickte interessiert auf unsere Autos sowie unsere grüne Aufmachung. Nach einer kurzen Denkpause schien er dann zu einem abschließenden Urteil gelangt zu sein, denn zielstrebig und energisch marschierte er uns entgegen.

»Sind Sie Jäger?«, lautete die überraschende Frage an das grüne Kollektiv. Dies konnten wir ja reinen Gewissens bejahen.

»Na, ich doch auch!«, lautete die nicht minder erstaunliche Selbstauskunft. »Sie können doch nicht stundenlang hier stehen, das ist ja unverantwortlich, dabei rosten ja all die schönen Waffen ein!« Und augenzwinkernd fügte er hinzu: »Diese explosive Ladung muss natürlich gesondert und vordringlich behandelt werden.« Sprach's, winkte uns aus der Kolonne und dirigierte uns zu einem Sonderschalter, an dem nur drei LKW mit Gefahrengut auf ihre Abfertigung warteten. Keine 15 Minuten später fand das Prozedere ein Ende, und mit einem herzlichen »Waidmannsheil« verabschiedete uns der freundliche Grenzbeamte vom Territorium der bereits in Auflösung begriffenen DDR.

Die Formalitäten an der polnischen Kontrollstelle gestalteten sich noch unkonventioneller, denn hier trat unser Polenexperte Kalle auf den Plan. Mit einem markigen »Gin dobre« begrüßte er den polnischen Zöllner und schob im selben Atemzug eine Palette Coca-Cola über den Tresen. Ohne sich im Geringsten für Kaliber oder gar Waffennummern zu interessieren, stempelte der fleißige Beamte mit einem vor Vorfreude verklärten Gesicht die Papiere ab, die Plombenzange trat in Aktion, und schon waren wir in Polen.

Weiter ging die Fahrt an endlosen Kiefernwäldern vorbei, in denen es bereits, so meinte zumindest mein Onkel, nach Brunfthirschen nur so roch. Na ja, zumindest meine Nase konnte diese viel versprechende Aussage nicht nachvollziehen. Kurz vor Mittag rollten wir dann auf der Försterei Rzeczenica ein und wurden sogleich von den Enkelkindern des Forstleiters stürmisch und freudig begrüßt.

Der Staatsforst Czarne (früher Forst Pflastermühl/ Hammerstein), zu der die Försterei Rzeczenica gehört, liegt in der Region Pommern, etwa 140 Kilometer vor

Danzig. Das 10 000 Hektar große Revier besteht zu 75% aus Wald, in dem sich Kiefer- und Fichtenbestände mit Eichen- und Buchenparzellen abwechseln. Dazwischen schlängeln sich einige Wasserläufe, die von einer sehenswerten Auenlandschaft umgeben sind. Das Jagdhaus selbst befindet sich am Ortsrand von Rzeczenica und bietet jeden Komfort. Gleich nach unserer Ankunft und einer kurzen, aber herzlichen Begrüßung auf dem Hof lud uns der leitende Förster zu einem schmackhaften Mittagessen in das geräumige Esszimmer, in dem uns zu Ehren bereits der große, mit Kupfer ummantelte Kamin entzündet worden war. Nach dieser ausgezeichneten Stärkung bezogen wir dann im oberen Stockwerk Quartier. Die sauberen, geräumigen Zimmer waren allesamt mit Dusche und WC ausgestattet, und die großen Gauben boten einen herrlichen Blick in das nahe Revier. Der Jagdreisevermittler »Bavaria Jagdreisen« hatte in punkto Unterkunft nicht zu viel versprochen.

Alle sahen wir gespannt und erwartungsvoll der ersten Revierfahrt entgegen. Diese begann dann schon am Nachmittag, wobei ich das Vergnügen und den Vorzug hatte, den Oberförster in höchsteigener Person als Führer zugeteilt zu bekommen. Als Pirsch- und Jagdfahrzeug diente dabei ein uralter, klappriger Lada, dessen einziger nennenswerter Vorteil in den nicht mehr verschließbaren Fenstern bestand, denn mein Oberförster qualmte wie ein Schlot. Mit diesem Vehikel also knatterten wir bei schönstem Altweiberwetter in das Revier. Begeistert und fasziniert ließ ich die schier unendlichen Wälder an mir vorbeiziehen, keinen Jogger, Reiter oder Spaziergänger trafen wir auf den unzähligen Waldwegen. Dann hielten wir direkt vor den Sprossen einer offenen Kanzel, die einen hervorragenden Einblick auf eine große Wildwiese bot. Wie zuvor mit Händen und Füßen vereinbart, wartete ich, bis sich mein schwergewichtiger Führer von seiner Zigarette getrennt und sich mühsam aus seinem Lada gezwängt hatte. Beschwerlich war sein Weg über die Leiter, wobei die Sprossen unter seinem Gewicht ächzten und knarrten. Auf halber Höhe legte er dann eine kurze Rast ein, wobei ein plötzlicher Hustenanfall ihn und die Leiter schüttelte und rüttelte. Kaum war dieser überstanden, brannte auch schon der nächste Glimmstängel, und nach zwei tiefen Zügen erreichte er glücklich die Gott sei Dank solide gebaute Kanzel.

Während ich mit verträumten Augen auf die vor mir liegende Auenlandschaft blickte, begann neben mir eine Ereignisabfolge, die mich in den nächsten Tagen fast zur Weißglut treiben würde. Kaum nämlich saß mein wackerer Führer, schlossen sich sanft die Augenlider, das Doppelkinn sank behutsam auf die Brust, und er schlief den Schlaf der Gerechten. Ein wenig mitleidig und doch verständnisvoll blickte ich ihn an, denn mit Anfang 60 nimmt bei dem einen oder anderen das Schlaf- und Ruhebedürfnis doch erheblich zu. Doch dann entrang sich dem Schlummernden ein Schnarch-, ja Urlaut, der Tote hätte erwecken können. Entsetzt und entgeistert blickte ich ihn an, doch er machte keinerlei Anstalten, dieses Getöse wieder einzustellen. Ganz im Gegenteil! Nein, bei diesem Lärm würde sich kein Wild zeigen, und war der Ort auch noch so viel versprechend. Verärgert stieß ich den Förster mit dem Ellenbogen in die Seite. Eine Abfolge nicht definierbarer Grunz- und

Schnarchlaute ließen sich hören, und mit verständnislosem Gesichtsausdruck ob der unangemessenen Störung blickte mich der Gute an. Nach einem herzhaften, intensiven Hustenanfall folgte dann wieder der Griff zur Zigarettenschachtel. War dann der Glimmstängel glücklich in Asche verwandelt, begann wiederum die Schlaf- und Schnarcharie. Wen wundert es da, dass meine anfängliche Begeisterung für diese relativ unberührte Natur und ihre Schönheiten immer mehr in den Hintergrund rückte und einem resignierten, dumpfen Brüten Platz machte.

Als dann jedoch die Nebel – diesmal nicht der Zigarettenrauch – über dem Wiesengrund aufstiegen, die Wipfel der Bäume immer mehr verhüllten und alles um uns herum in eine Märchenlandschaft verwandelten, als wir zudem gedämpft die ersten Hirsche melden hörten, war auch ich wie verzaubert. Friede und Glückseligkeit zogen ein in mein Herz. Und dann, welch ein Anblick, zog ein älterer Hirsch mit seinem Brunftrudel auf die Wiese, viel zu weit weg für einen Schuss und nur schemenhaft erkennbar. Dumpf drang das Röhren zu uns herüber, brach sich am Rand des Waldes. Und ringsherum wurde ihm Antwort. Nie zuvor hatte ich eine Rotwildbrunft miterlebt, und dann dieser Anfang. Jägerherz, was willst du mehr? In tiefster Dunkelheit kehrten wir zum Jagdhaus zurück, und in gemütlicher Runde tauschten wir die Erlebnisse des ersten Abends aus und ließen uns von den starken Trophäen im Jagdzimmer immer wieder inspirieren.

Bereits um vier Uhr morgens endete die Nacht, und es ging erneut auf Pirsch und zum Ansitz. Vorab vollzog sich jedoch die Zeremonie des morgendlichen

Weckens, die es durchaus wert ist, der Nachwelt erhalten zu bleiben.

Da ich meinen eigenen Wecker eine Viertelstunde vor der vereinbarten Zeit klingeln ließ, konnte ich dieses tägliche Präludium von Anfang an in vollen Zügen genießen. Es begann meist mit einem dröhnenden Hustenanfall, sodass unschwer zu erraten war, wer da als Verursacher dieser Morgenmusik fungierte. Dann drangen einige piepsende, teilweise klagende Laute zu unseren Schlafgemächern im ersten Stock. Im ersten Moment vermutete ich, irgendein Getier würde für den nächsten Mittagstisch vom Leben zum Tode befördert. Die nächste Tonfolge jedoch erinnerte eher an das Winseln und Jaulen eines liebeskranken Hundes.

Da mir diese Geräuschkulisse in der Tat Rätsel aufgab, schlich ich leise aus meinem Zimmer und blickte vorsichtig die Treppe hinab. Da stand mit hochrotem Kopf unser wackerer Oberförster, schon im grünen Loden, und versuchte, das bisschen Atemluft, das seine teerverklebten Lungen noch zu fassen vermochten, durch die Windungen eines Jagdhorns zu pressen. Da er gleichzeitig versuchte, die glimmende Zigarette durch einige schnelle Züge in Brand zu halten, glich das gepeinigte Jagdhorn eher einer Dampflokomotive. Nur die jagdlichen Klänge wollten sich nicht einstellen.

Ob gewollt oder ungewollt, hatte diese Aktion den großen Vorteil, dass alle bereits lange vor der Zeit wach waren, denn versäumen wollte dieses frühe Spektakel keiner.

Dann ging es klappernd und scheppernd in den noch stockdunklen Wald, über dem sich das Firmament sternenübersät präsentierte. Diesmal ging es zu einer ebenfalls offenen Ansitzkanzel, vor der eine etwa 100 x 100 Meter große Blöße lag, die links und rechts von dichten Kiefernschonungen umschlossen war, während die Frontseite von hochstämmigen Fichten begrenzt wurde. Kaum auf der Kanzel angekommen, fiel mein geschätzter Oberförster zwar wieder in einen Tiefschlaf, aber diesmal fielen seine Schnarchlaute eher moderat aus. Daher ignorierte ich geflissentlich das Zischen und Säuseln neben mir und genoss stattdessen in vollen Zügen den anbrechenden Morgen.

Ein langer Schatten schnürte kreuz und quer über die Blöße, verhoffte, schnürte weiter – ein Fuchs auf seinem morgendlichen Beutegang, dem kurze Zeit später ein zweiter folgte. Bald danach zog ein dreijähriger, starker Bock auf die Fläche und äste sich spitz auf mich zu, um 30 Meter vor der Kanzel in der linken Kiefernschonung unterzutauchen. Schon durchfluteten erste Sonnenstrahlen den bunt gefärbten Herbstwald, da trollte ein Rottier mit Kalb auf die Fläche. Nun konnte es ernst werden, denn die Brunft war in vollem Gange. Also weckte ich meinen Führer ein wenig unsanft mit einigen derben Rippenstößen.

Als dieser das Kahlwild mit noch schlaftrunkenen Augen erblickte, drängte er nach dem Motto »Lieber den Spatz in der Hand als die Taube auf dem Dach« zum Schuss. Doch Alttier und Kalb zogen, hier und da ein Hälmchen zupfend, spitz von uns weg auf das Fichtenaltholz zu. Ich hielt die 9,3 x 62 im Anschlag, konnte mich aber einfach nicht dazu durchringen. Da entschwanden die beiden unseren Blicken und damit der Reichweite des Repetierers, und vorwurfsvoll schaute mich mein Ansitzgenosse an.

Doch meine Entsagung wurde belohnt. Keine zehn Minuten später trollten die beiden, diesmal aus der linken Kiefernschonung kommend, wieder auf die Blöße. Schon lag die Büchse auf der Kanzelbrüstung, da quoll es förmlich aus den jungen Kiefern hervor. An die 30 Stück Kahlwild füllten die offene Fläche, und ich wusste gar nicht, wohin ich zuerst schauen sollte. Doch inmitten all dieser Alttiere, Schmaltiere und Kälber fand das suchende Auge im selben Moment, als er die Bühne betrat, denjenigen, der alles überragte: den Hirsch!

»Schießen, schießen!«, raunte mir mein jetzt ebenso aufgeregter Führer ins Ohr. Denn das, was sich da zwischen all der holden Weiblichkeit offensichtlich sehr wohl fühlte, war ein Einsprossenzehner vom 12. oder 13. Kopf mit starkem Vorschlag und ausgeprägter Brunftmähne. Im Absehen verfolgte ich den Hirsch, doch wohin schießen, ohne beim ihn umgebenden Kahlwild ein Massaker anzurichten. Plötzlich, auf etwa 80 Gänge, löste er sich vom Kahlwildrudel – »Herde« wäre hier sicherlich der bessere, wenn auch unwaidmännischere Ausdruck – und trat breit. Nun sprach die 9,3. Ohne zu zeichnen, stürmte der Hirsch in weitem Bogen mit dem Kahlwild auf den Fichtenaltholzbestand zu, verlangsamte dabei zusehends das Tempo, um in der letzten für uns einsehbaren Ecke zu verhoffen. Schon lag das Gewehr wieder im Anschlag, doch bevor die zweite Kugel den Lauf verlassen konnte, brach er zusammen. Ich zitterte vor Aufregung am ganzen Körper, während mein Oberförster mir freudig auf die Schulter klopfte. Nun hielt mich nichts mehr auf dem Sitz, und ich eilte zu meinem Hirsch, während mein

Führer mühsam hinterherkeuchte. Ehrfurchtsvoll trat ich an den Recken heran, fiel vor seinem Haupt, das an einem alten Stubben lehnte, auf die Knie und umfasste immer wieder die klobigen Stangen. Der Schuss saß mittendrauf. Nun hatte es mein Oberförster plötzlich eilig. Er drängte zum Aufbruch, um die Bergung vorzubereiten. Doch ich bat ihn, beim Hirsch bleiben zu dürfen. Er schaute mich an, und Verständnis trat in seine Augen. So blieb ich mit meinem Hirsch allein und ließ immer wieder diese spannungsgeladenen Momente Revue passieren. Noch heute, nach über zehn Jahren, fühle ich in mir die Stimmung dieses Augenblicks, sehe ich den Hirsch vor mir. Knapp über sechs Kilogramm zeigte später die Waage. So unwichtig für das Erleben, so ausschlaggebend war dieser Wert für die Preisliste.

Als wir vormittags dann mit dem Hirsch auf dem Hof der Försterei eintrafen, gab es ein großes Hallo, denn auch Jagdfreund Jürgen hatte mit sauberer Kugel einen Abschusshirsch gestreckt. Doch ein weiterer Höhepunkt stand mir nach etlichen Zubrowkas und »Na zdrowie« noch bevor, nämlich die Weihe zum Hirschjäger. Ich wurde aufgefordert, vor dem gestreckten Hirsch niederzuknien, mein Oberförster sprach einige beschwörende Worte, und der Schweiß des Hirsches wurde mir feierlich in mein freudig strahlendes Gesicht geschmiert. Ich fühlte mich wie ein Indianer auf dem Kriegspfad. Auf den Abendansitz verzichtete ich, stellte mir das Haupt meines Hirsches vor den Kamin und genoss diese Stunde des Glücks und des Waidmannsheils.

Am nächsten Morgen ging es wieder los, da ich auch auf Kahlwild waidwerken wollte. Da man mir anscheinend zutraute, ein Alt- bzw. Schmaltier von einem Hirsch zu unterscheiden, lud man mich in tiefer Dunkelheit bei einem Hochstand inmitten einer großen Windwurffläche ab mit dem Hinweis, man werde mich zu gegebener Zeit wieder abholen. Na, immerhin!

Die Rücklichter des Lada verloren sich langsam in der Ferne, und Stille trat ein. Ich war glücklich und zufrieden. Endlich keine störenden »Nebengeräusche«, die einem die Freude am Ansitz nahmen. Wieder wogte der Nebel über die schwer einsehbare Fläche, überall ragten die Wurzeln und Stümpfe der vom Wind gefällten Fichten in den Himmel, dazwischen wucherten und rankten Brom- und Himbeeren. Von weither vernahm ich die Rufe der Kraniche, die sich langsam für den großen Flug in ihr sonniges Winterquartier sammelten. Da ließ mich der raue Brunftschrei eines Hirsches aus nächster Nähe erzittern. Vielleicht 50 Meter von der Kanzel entfernt traten einige Stück Kahlwild hinter dem Stubben einer entwurzelten Fichte hervor, und dann erschien er, der König des Waldes, ein gerader Vierzehnender mit langen Augsprossen, vollendeter Krone und funkelnden Enden. Doch im selben Moment spürte ich einen leisen Windhauch im Nacken, und schon verschwand die ganze Mannschaft wieder im dichten Verhau.

Mit 27 Jahren war mein Pensum an Ansitzstunden nun mehr als erfüllt und trotz des guten Anblicks wünschte ich mir, dieses herrliche Revier pirschenderweise zu erkunden. Dies war jedoch meinem Oberförster nicht zuzumuten, und so wurde mir Roman zur Seite gestellt. Wir beide waren etwa gleichaltrig, und in Waldläufermanier durchstreiften wir Feld und Flur. Ihm verdanke ich herrliche Anblicke und spannende Augenblicke.

Schon auf weite Entfernung entdeckte er das Kahlwild hinter einigen mannshohen Kiefern. Auf allen vieren krochen wir, Indianern gleich, durch die Büsche und näherten uns Meter um Meter dem verdeckt stehenden Wild. Noch etwa 50 Meter trennten uns von dem Kahlwildrudel, als plötzlich ein einzelnes Schmaltier auf eine kleine Lücke zog und dabei das Blatt freigab. Schnell den Repetierer aus der Vorhalteposition an die Schulter gezogen, und liegend trug ich dem Stück die Kugel an. Eine hohe Flucht zurück in die Kiefern, schlegeln von einer Stelle, Ruhe.

Nach dem Aufbrechen marschierten wir quer durch den Bestand, um das Auto zu holen. Schon begann es langsam zu dunkeln, und wieder stiegen die Nebel und verhüllten mehr und mehr das Umfeld. Da knackte und splitterte es plötzlich keine 10 Meter neben uns im Bestand, und ein herrischer Schrei ließ uns vor Schreck zusammenfahren. Die Antwort folgte unmittelbar, ebenfalls auf kürzeste Entfernung. Wütend zogen dort, für uns nicht erkennbar, zwei Hirsche aufeinander zu, röhrten auf Teufel komm raus und schlugen ihre Geweihe krachend in das Buschwerk. Starker Brunftgeruch durchzog den Nebel. Dann prallten die Geweihe hart aufeinander, die Hirsche schoben hin und her und keuchten dabei vor Anstrengung. Bald darauf hörten wir einen Hirsch den Bestand brechen, und schon schallte der triumphierende Sprengruf des Siegers durch den nebelverhangenen Wald. Ein erregendes und faszinierendes Schau- oder besser Hörspiel schloss diese wunderschöne Jagdreise ab.

Kurioses

Immer dann, wenn wir im Umgang mit oder während der Beobachtung von Tieren Dinge beziehungsweise Situationen erleben, die außerhalb der Norm liegen, also außerhalb der von uns Menschen aufgestellten Verhaltensmuster ablaufen, sind wir irritiert, manchmal sogar entsetzt, und sprechen von einem Kuriosum. Vielleicht liegt die Ursache dafür, dass wir solch als anormal identifiziertes Verhalten nicht so einfach akzeptieren können, schlicht und ergreifend in der Tatsache begründet, dass auch unser eigenes Leben von vorgeschriebenen Lebensgewohnheiten und Normen bestimmt wird. Keiner kann sich dem entziehen, ohne automatisch in eine Außenseiterposition zu geraten und das offenkundige Misstrauen seiner »genormten« Umgebung auf sich zu lenken. Ja, selbst Blutdruck und Cholesterinwert sind standardisiert, und wehe dem, dessen Körper sich nicht an die ärztlichen Richtwerte hält.

Doch halt, nicht die Gesundheit ist Thema dieses Kapitels, sondern Erlebnisse aus Feld und Flur, die einfach außergewöhnlich waren und die zum Schmunzeln oder aber hie und da auch zum Nachdenken anregen können. Der eine oder andere wird sicherlich ungläubig den Kopf schütteln und von Jägerlatein sprechen. Dies ist ein Begriff, der gewiss nicht zu Unrecht Eingang in unser Vokabular gefunden hat. Da ich die nachfolgenden Geschehnisse nicht alle selbst erlebt habe, kann ich dieser Behauptung nur bedingt widersprechen. Ich kann aber reinen Gewissens versichern, dass alle diejenigen, die mir diese Geschichten erzählten, dies mit einer Ernsthaftigkeit taten, die eigentlich jeden Zweifel an ihrer Ehrlichkeit ausräumen sollte und zumindest mich überzeugt hat. Doch lassen Sie mich an dieser Stelle einen Begriff aus dem Banken- und Sparkassenbereich verwenden: »ohne Obligo«. Doch vielleicht wollen Sie selbst entscheiden.

Eine Mardergeschichte

Häufig hatte ich Gelegenheit, diesen quirligen und zugleich possierlichen Räuber bei nächtlichem Ansitz auf seinen Pirschgängen zu beobachten. Und allzu oft vergaß ich dabei das Schießen. Baum hoch, auf dem Zweig entlang, eleganter Sprung auf den nächsten, dort wieder herunter, auf den Knick, das Mauseloch revidiert, reglos wie ein Pfahl sichern, im Schweinsgalopp weiter, unter dem morschen Stamm nachgeschaut – stundenlang konnte ich immer wieder, fasziniert von den schlangengleichen Bewegungen und der vorsichtig-dreisten Art und Weise, diesem lustigen Treiben zuschauen. Doch ebenso bekannt und gefürchtet ist insbesondere der Steinmarder für seine Bluttaten. Einmal im Mordrausch, würgt und tötet er alles, was ihm unterlegen ist.

Über Monate hegte und pflegte mein Onkel etwa 20 Fasane in seiner Voliere heran, um sie anschließend auszuwildern. Eine Nacht bevor die große »Freilassung« nun endlich stattfinden sollte, biss sich ein Marder durch den Draht der Voliere. Nicht einer der bunten Vögel überlebte das Massaker, es fehlte jedoch keiner. Nur wenige hatte der gnadenlose Räuber ein bisschen »verkostet«.

»Dort, wo er wohnt, jagt er nicht«, besagt eine alte Weisheit, deren Richtigkeit ich nur bekräftigen kann, hat doch ein Marder bereits seit längerem sein Quartier in meiner Maschinenhalle inmitten der Dachisolierung bezogen. Täglich spüre ich ihn kreuz und quer über das Gehöft. Doch der Burgfrieden hält, denn weder den in der Halle untergebrachten Hühnern noch den Kaninchen krümmte er bis zum heutigen Tag ein Haar – oder eine Feder.

Dass ein solcher Nichtangriffspakt freilich nicht in allen Fällen eingehalten wird, musste meine Tante Erna feststellen. Schon mehrere Tage hatte sie sich über die stark reduzierte Eierzahl ihrer sonst so emsigen und legefreudigen Hühnerschar gewundert. Schon wurden erste potenzielle Kandidaten für die nächste Hühnersuppe ausgewählt, da lüftete sich eines schönen Morgens das Geheimnis des angeblichen Leistungseinbruches.

Als Tante Erna nämlich im ersten Morgenlicht auf leisen Sohlen den Hühnerstall betrat, lag dort, gemütlich eingerollt und noch tief schlafend, ein Steinmarder mitten in einem Hühnernest. Noch klebte Eigelb an einem der Branten. Damit war der Übeltäter zweifelsfrei identifiziert und überführt. Die Urteilsvollstreckung nahm dann Tante Erna persönlich und unmittelbar vor, indem sie den Übeltäter mit einem gezielten Knüppelschlag niederstreckte. Warum dieser sonst so feinsinnige und wachsame Räuber nicht bereits frühzeitig die gefährliche Annäherung wahrgenommen und rechtzeitig das Weite gesucht hatte, ist mir bis heute schleierhaft. Auch die Frage, warum er sich nur auf den Eierverzehr beschränkt hatte, ohne die gut gefütterten und entsprechend wohl proportionierten Eierproduzenten in die Speisefolge einzubeziehen, wird auf ewig sein Geheimnis bleiben.

Eine Treibjagdgeschichte

Das ganze Dorf war an diesem Morgen auf den Beinen. Die einen bewaffnet mit Drilling, Bockdoppel, Doppelflinte oder einläufigem Selbstlader, die Taschen voll mit Schrotpatronen im Kaliber 12 oder 16. Die anderen mit Stöcken aller möglichen Größenordnungen und Stärken ausstaffiert, teilweise mit Klingeln und Hupen versehen. Ein lustiges Treiben herrschte auf dem Hofplatz des Jagdpächters, überall ein buntes Stimmengewirr, Geflüster und Gelächter. Hier und da kreisten schon die ersten kleinen und unscheinbaren Fläschchen und Flachmänner, alle randvoll angefüllt mit rotem, gelbem oder durchsichtigem, in jedem Fall aber hochprozentigem Inhalt von mindestens 38% Alkoholgehalt.

Dann durchdrang die markige Stimme des Jagdherrn die phonstarke Szenerie. Es wurde Aufstellung genommen, und es folgte eine kurze Begrüßung durch den Gastgeber. Ein eindringlicher Hinweis auf die Einhaltung der Unfallverhütungsvorschriften sowie die freigegebenen Wildarten schloss sich an, und dann begann sie, die jährliche Treibjagd. Trotz Dauerregen und stürmischem Westwind waren alle guten Mutes und voller Vorfreude, denn die vorangegangenen Weihnachtstage hatten die meisten zu eher sitzendem und häuslichem Tun verdammt, sodass alle froh waren, die angesetzten Kalorien in fröhlicher Runde wieder ablaufen zu können. Dabei wachte der Fiskal mit Argusaugen über das Tun und Lassen seiner Schützlinge und registrierte genau jedes mögliche Fehlverhalten, um beim abendlichen Schüsseltreiben genügend »Straftatbestände« anführen und entsprechen rügen zu können.

Das erste Treiben begann. Die angestellten Jäger ertrugen geduldig, nur leise in sich hineinfluchend, den peitschenden Regen. Wacker schritten die Treiber aus, riefen »Has, Has!«, klopften mit den Stöcken an die Büsche und Zweige der Knicks, klingelten und hupten. Doch kein einziger Hase überfloh in langen Sätzen die aufgeweichten Äcker. Doch dann, fast zum Ende des Treibens, fielen Schüsse auf der rechten Flanke, die den mittlerweile gleichermaßen durchweichten Treibern und Jägern wieder neuen Auftrieb gaben und Letztere aus ihrer Apathie aufschrecken ließ. Nach dem Ende dieses ersten Treibens sah man dann jedoch nur lange Gesichter. Denn man musste feststellen, dass die Knallerei nicht aus dem Lauf eines Schrotgewehrs stammte, sondern dass ein jugendlicher Flegel klammheimlich einige seiner Böller und Knallfrösche gezündet hatte. Während die einen feixten, knirschten die anderen mit den Zähnen.

Dann wurde das zweite Treiben abgestellt. Die Stimmung besserte sich zunehmend, denn im letzten Jahr waren auf diesem Teil der Feldmark besonders viele Hasen dem Massentod zum Opfer gefallen. Immer noch fiel der Regen schwer vom Himmel, mischte sich jedoch zur Abwechslung mit schwerem Schlackschnee. Immer schwerer klumpte sich der matschige Lehmboden unter den Füßen der Treiber, deren zackiges Ausschreiten sich mehr und mehr in ein müdes, abgekämpftes Schlurfen verwandelte. Selbst die mitgeführten Jagdhunde aller möglichen Größen, Farben und Rassen hielten mehr und mehr im Lauf inne und schüttelten sich nicht die Hasen, sondern den Regen aus den tropfnassen Behängen. Und kein Hase weit und breit.

Verzweiflung machte sich langsam, aber sicher breit, während der Regen oben am Kragen des Lodenmantels hineinlief und unten aus den Stiefeln wieder herausschwappte. Der eine oder andere sehnte bereits den Abbruch der Jagd herbei, doch der Jagdherr blieb unerbittlich. Zumindest ein Treiben sollte noch genommen werden.

In dieser trübseligen Stimmung an einem ohnehin grau verhangenen Tag fiel es keinem weiter auf, dass Jagdkollege Kurt still und heimlich die durchnässte und frustrierte Jagdgesellschaft verließ und zielstrebig seinem Hof zueilte. Bevor das letzte Treiben angeblasen wurde, fand er sich schon wieder ein, hielt sich und damit auch seinen Rucksack jedoch ein wenig abseits. Die hochprozentigen Wärmflaschen waren bereits abgekühlt, sprich leer, und jeder redete mehr mit sich selbst als mit den anderen. Daher bemerkte auch keiner die Distanz, die Kurt ganz gegen seine sonstigen Gepflogenheiten an den Tag legt.

»Ich gehe diesmal mit den Treibern!«, verkündete er und marschierte dann am Knick entlang.

Plötzlich durchfuhr ein lauter Aufschrei die gesamte Treiberkette. »Hase! Hase nach vorn!« Mit langen Sätzen, ohne Haken zu schlagen, flüchtete ein Hase am Knick entlang. Die fürchterliche Aufregung und das entsetzliche Geschrei ließ auch die Hunde nicht unbeeindruckt, und schon hetzte ein großmächtiger

Deutsch-Drahthaar hinter dem vermeintlichen Hasen her. Mit raumgreifenden Sätzen kam er dem Langohr immer näher, und als dieses die Ausweglosigkeit der Rennerei erkannte, erklomm es den Knick und, zum maßlosen Erstaunen aller Augenzeugen, nicht nur den. Denn Sekunden später saß Meister Mümmelmann auf dem höchsten Wipfel eines knorrigen Holunderbusches, während der Drahthaar darunter ihn in den höchsten Tönen verbellte.

Ein schneller Schrotschuss brachte den kletterfreudigen Hasen wieder auf den Boden der Tatsachen zurück und damit vor den Fang des großen Vorstehhundes, der sich seine vom Himmel gefallene Beute sofort herzhaft um die Behänge schlug. Bei diesem Gewaltakt löste sich der arme Hase bereits in seine Bestandteile auf, und der braune Balg lag daneben. Außerdem schien er innerhalb kürzester Zeit eine seltsame Metamorphose durchlebt zu haben, denn das, was sich aus dem Balg herauslöste, war eine Katze, Kurts Katze. Dieser spielte natürlich den Unschuldigen. »Ich weiß gar nicht, wie die Katze in das Fell kommt. Meine arme Katze! Wer soll denn jetzt die Mäuse fangen?«

Die Streckenmeldung ergab für diesen trüben Jagdtag dann eine Katze im Hasenbalg. Und auch noch beim abendlichen Schüsseltreiben, bei dem es übrigens hoch herging, leugnete Freund Kurt beharrlich, auch nur das Geringste mit dieser ominösen Geschichte zu tun zu haben. Nur sein verschmitzt lächelndes Gesicht ließ anderes vermuten.

Der abendliche Ansitz an diesem sonnigen und warmen Herbsttag galt eigentlich den wilden Schweinen, die regelmäßig die am Waldrand liegenden stillgelegten Wiesenflächen umbrachen. Ein breiter Abflussgraben trennte die so genannten Klintwiesen vom sumpfigen Bestandsrand, und genau an diesem Graben befand sich eine Ansitzleiter, geschützt und verdeckt durch die starken Randbäume. Exakt auf der Höhe dieser Leiter hatte der Sturm eine alte, knorrige Birke entwurzelt, deren Stamm nun eine natürliche Brücke über den an dieser Stelle etwa zwei Meter breiten Graben bildete.

Kaum hatte ich mich einigermaßen gemütlich auf meiner hohen Warte eingerichtet, zog bereits das erste Rehwild auf die Wiese. Die Ricke mit zwei munteren Kitzen sowie ein gut veranlagter Jährlingsbock ästen vertraut auf mich zu, und insbesondere die beiden Kitze vertrieben mir mit ihren ausgelassenen Bocksprüngen die Zeit. Bald versank die Sonne hinter den bereits bunt gefärbten Wipfeln der Bäume, und immer länger werdende Schatten fielen auf die Wiese, da hörte ich ein feines Rascheln und Knistern. Im ersten Moment vermutete ich Mäuse, die im Laub etwas Fressbares suchten. Doch schnell wurde ich eines Besseren belehrt. Ein langer, dunkler Schatten hüpfte durch das hohe Gras der gegenüberliegenden Grabenkante, sicherte kurz und erschien dann auf dem umgestürzten Birkenstamm. Ohne von mir auch nur die geringste Notiz zu nehmen, querte der Baummarder die Brücke und baumte kaum eine Armlänge von mir entfernt auf, um vergnügt und unbeirrt weiterzuholzen. Kaum hatte ich gewagt, tief durchzuatmen, wiederholte sich dieses beeindruckende Schauspiel.

Ein zweiter Baummarder nutzte den scheinbar gut frequentierten Zwangspass, der Duftspur seines Vorgängers folgend. Auch er baumte an der mir abgewandten Seite der nächstliegenden Birke auf, erschien jedoch wieder genau in Höhe meines Kopfes und äugte mich dann unverwandt und geradezu verwundert an. Plötzliches Erkennen trat in seine Lichter. Eher erzürnt als erschrocken klang sein heftiges Keckern, und in affenartiger Geschwindigkeit flüchtete er bis in die höchsten Wipfel der Birke, um dort seine Verärgerung über die abrupte Störung seiner abendlichen Pirsch weiter lautstark zu bekunden.

Kaum hatte sich dieser Ruhestörer endlich entfernt, raschelte es wieder im hohen Gras. Ein Jungdachs trottete in seiner behäbigen Art an der Grabenkante entlang, um dann ebenfalls zur Gewässerquerung anzusetzen. Scheinbar hatte ich die Rushhour erwischt. Da die Dachspopulation in diesem Revier bereits eine beträchtliche Stärke aufwies und es um das Niederwild eh schon schlecht bestellt war, entschloss ich mich, diesem Eierdieb auf den Pelz oder, besser, auf die Schwarte zu rücken. Er hatte die Birkenbrücke fast überquert, als ich ihm auf kürzeste Entfernung eine Schrotgarbe auf das Blatt setzte, die ihn schlagartig – noch auf dem Stamm – verenden ließ.

Hatte ich nun geglaubt, der Schuss würde zu einer gewissen »Verkehrsberuhigung« führen, sah ich mich erheblich getäuscht. Die abgeschossene Schrotpatrone war gerade durch eine neue ersetzt, der Drilling noch nicht wieder zugeklappt, da erschien bereits der nächste weiß gestreifte Kopf auf dem Birkenstamm. Ein zweiter Jungdachs schickte sich an, den Abflussgraben zu überqueren. Dabei stolperte er regelrecht über seinen verendeten Vordermann, sodass ich reinen Gewissens versichern kann, dass auch im Tierreich Auffahrunfälle durchaus vorkommen können. Nach einem kurzen ungläubigem Verhoffen über diese Schikane begann er sodann, dieses Hindernis zu übersteigen, wobei er über diese Blockade einfach hinwegrutschte. Dabei schien ihn das doch offensichtliche Schicksal seines Blutsverwandten in keiner Weise zu interessieren oder gar zu berühren. Ganz im Gegenteil!

Kaum war das Hindernis überwunden, drehte er sich seitwärts, hob ein wenig die Hinterbrante und nässte auf sein Geschwisterchen. Ich empfand dieses Verhalten als dermaßen pietätlos, dass ich kurzerhand auch diesen Dachs streckte. Als ich dann beide so nebeneinander liegen sah, bereute ich mein unbedachtes, vorschnelles Handeln. Schließlich hatte dem jungen Dachs sein Instinkt dieses Verhalten vorgegeben. Alles andere war nur aus der Sicht des Menschen hineininterpretiert worden, und dies ist für einen Jäger nicht angemessen. Doch auch wir sind häufig nur Opfer momentaner Emotionen.

Eine Hirschgeschichte

Kinder, Jugendliche und auch so mancher Erwachsene lieben Fußball. Das ist natürlich auch in unserem Dorf so. Noch besser und auch gesünder ist es, selbst Fußball zu spielen, als nur vor dem Fernseher die Spiele der Profikicker zu verfolgen und mehr oder minder fachmännisch zu kommentieren. Deshalb hat auch unser kleines Dorf einen Bolzplatz, der geschickterweise auch für andere dörfliche Großveranstaltungen wie Knickfest oder Vogelschießen genutzt werden kann. Etwas außerhalb des eigentlichen Dorfes liegt dieses Mehrzweckfeld, damit sich keiner von begeisterten Fans und Jubel, Trubel, Heiterkeit gestört fühlt. Neben Toilettenanlage und Grillhäuschen steht dort auch, für einen Bolzplatz nicht unüblich, ein weiß gestrichenes, den Normmaßen entsprechendes Aluminiumtor mit einem wundervollen grünen Maschengeflecht zum Auffangen der Bälle, wenn sie denn die Torlinie passiert haben. Was daran kurios sein soll, fragen Sie? Gar nichts! Obwohl ich an dieser Stelle ausdrücklich die Gemeindevertretung und allen voran den Bürgermeister für das Engagement zugunsten der Dorfjugend loben möchte.

Was all dies mit einem Jagdbuch zu tun haben soll? Eine ganze Menge, kann ich Ihnen versichern.

Wie bereits geschildert, liegt der Bolzplatz am Rand des Dorfes und grenzt an die umliegende Feldmark. An einem Abend – das Fußballfeld lag einsam und verlassen – zog ein einzelner Hirsch quer durch die Feldmark und erreichte eben diesen Platz. Ob nun der nicht besetzte Grillstand ihn derartig erzürnte oder ob er einfach seine Fähigkeiten als Torwart unter Beweis stellen wollte, lässt sich im Nachhinein nicht mehr genau rekonstruieren. Jedenfalls warf er ein Auge oder, waidmännisch gesprochen, ein Licht auf das Tor und begann, dasselbe mit den Geweihschaufeln zu traktieren. Doch die Strafe folgte auf dem Fuße. Denn prompt verhakte er sich in dem Maschengeflecht, und die anschließenden

Befreiungsversuche bewirkten genau das Gegenteil, sodass er sich hoffnungslos verhedderte. Glücklicherweise entdeckte ein früher Fußballfan den gefangenen, leichtfertigen Wanderer und alarmierte die Jagdpächter, die mit einigen mutigen und kräftigen Jungbauern zur Sport-, oder in diesem Fall Fangstätte, eilten. Der Hirsch wiederum zeigte sich von der auf ihn zustürmenden Fangemeinde gar nicht angetan und trachtete danach, wie ein publikumsscheuer Star das Weite zu suchen. Da ihn jedoch all die Fallstricke und -leinen an der Flucht hinderten, gelang es mehreren beherzten Jungbauern, sich rittlings auf den Hirsch zu stürzen und, ähnlich wie beim Rodeo, Haupt sowie Geweih zu fassen und mit aller Gewalt niederzudrücken, wobei optische Vergleiche mit einer amerikanischen Rodeoveranstaltung durchaus gestattet sind. Der Hirsch jedoch empfand augenscheinlich diesen Rettungsversuch nicht als solchen und wehrte sich nach Kräften, was allen den Schweiß – oder sollte auch Angstschweiß darunter gewesen sein? – auf die Stirn trieb. Gegen die geballte Übermacht war der Hirsch machtlos, und einige schnelle Messerschnitte durchtrennten die reißfesten Maschen. Auf Kommando sprangen alle Helfer beiseite, und der Hirsch kam auf die Läufe. Einen Augenblick verhoffte er, scheinbar verwundert über die plötzliche Freiheit, und trollte, noch ein wenig wackelig, von dannen.

Abschließend bleibt zu sagen, dass er in der näheren Umgebung nicht mehr gesichtet wurde und auch der eilig hinterhergerufenen Einladung zum nächsten Fußballspiel nicht folgte.

In früheren Zeiten als Raubzeug verhasst und mit allen nur erdenklichen Mitteln verfolgt, sind die Rabenkrähen heute, zumindest in Schleswig-Holstein, streng geschützt und von jeglicher Bejagung ausgenommen. Dies ist eine Maßnahme, die für mich – wie wohl auch für den größten Teil der gesamten Jägerschaft – nicht nachvollziehbar ist. Denn aufgrund ihrer im Vergleich zu anderen Wildarten hohen Intelligenz und einer bewundernswerten Anpassungsfähigkeit lässt sich die Rabenkrähe mit den heute erlaubten Jagdmethoden zwar kurz halten, aber niemals ausrotten. Auch sind durch die fast allerorts durchgeführten Flurbereinigungen eine Vielzahl von Knicks verschwunden. Die Äcker sind größer geworden, und dadurch reduzierte sich in erheblichem Maß die Deckung für das Niederwild. Den scharf äugenden Krähen entgeht im Frühjahr kein Rebhuhn- oder Fasanengelege und auch die sich im noch niedrigen Getreide drückenden Junghasen werden ihnen zur leichten Beute.

Auch an der an unser Haus grenzenden Ackerfläche steht eine große Überhältereiche, die von den Krähen mit Vorliebe als erhöhter Ansitzplatz genutzt wird. Eines Morgens Anfang März hatte wieder einer dieser schwarzen Gesellen dort Anstand bezogen, schwang sich plötzlich von dem höchsten Ast hinab und steuerte zielstrebig auf die Mitte des mit Raps bestellten Feldes zu. Im selben Moment, als die Krähe in dem erst knöchelhohen Raps landete, schnellte laut klagend ein Junghase etwa einen Meter hoch. Kaum war er wieder verschwunden, erschienen, wie herbeigezaubert, weitere Krähen und kreisten über der Stelle. Schnurstracks eilte ich zu eben diesem Punkt, um Schlimmstes zu verhindern. Doch ich kam zu spät. Zwar steckte noch ein wenig Leben in dem kleinen Satzhasen, doch beide Seher waren ihm bereits ausgehackt, und nur ein schwaches Wimmern konnte ich noch vernehmen, während über mir das schwarze Gesindel verärgert krächzend kreiste. Mit blieb nur übrig, dem Elend durch einen kräftigen Schlag hinter die Löffel ein Ende zu bereiten. Auch Schäfer berichteten immer wieder, dass Rabenkrähen frisch gesetzte Lämmer attackieren und dabei danach trachten, dem Opfer zunächst die Augen auszuhacken, um es wehrlos zu machen.

Immer wieder berichteten Jäger und Landwirte von solchen »Übergriffen«, und auch Teile der Natur- und Tierschützer fordern wieder einen geregelten Abschuss der Rabenvögel aus der berechtigten Sorge heraus, die ohnehin schwindenden Niederwildbestände sowie die Singvögel würden diesem massiven Aderlass dauerhaft nicht standhalten können. Eine Ausrottung von Rabenkrähe und Elster ist dabei, wie schon gesagt, nicht zu befürchten. Dies möchte ich mit dem folgenden kuriosen Erlebnis belegen.

Vor über zehn Jahren, als die Bejagung noch statthaft und auch gewollt war, beklagte sich ein Landwirt bei mir über die ansehnliche Zahl Rabenkrähen, die ständig seine Maissilage heimsuchten und große Löcher in die schützende Plastikfolie pickten. Er schlug mir vor, in der nahe stehenden Maschinenhalle Deckung zu suchen, da es ein Leichtes wäre, von dort aus zum Schuss zu kommen. Gesagt, getan. An einem Samstagvormittag marschierte ich, die Bockdoppel auf dem Rücken, Richtung Halle und bezog dort Stellung. Zwei Stunden, drei Stunden vergingen, ohne dass sich einer der gefiederten Maisdiebe blicken ließ. Gegen Mittag gab ich dann auf.

Abends rief mich Karl dann an. »Wieso hast du denn nichts geschossen?«

»Da waren keine Krähen!«

»Du warst wohl auf dem verkehrten Hof! Zehn Stück habe ich am Sonntag gezählt, die flogen nicht mal weg!«

Nun fühlte ich mich doch an meiner Jägerehre gepackt, und am nächsten Morgen bezog ich wieder Posten, wobei mir diesmal auffiel, dass eine Krähe etwa 50 Meter entfernt auf einem Baum saß. Wieder dasselbe Resultat, nichts rührte sich. Erstmals dämmerte es mir: Sollte die einzelne Krähe vielleicht Kundschafterdienste leisten? Das musste doch herauszubekommen sein!

Doch dann erzählte mir Karl, dass sich die Krähen kaum stören ließen, wenn er Richtung Halle marschiere. Wenn ich aber den gleichen Kurs einschlug, waren – schwupps – alle schwarz Gefiederten wie vom Erdboden verschwunden und ließen sich auch nicht mehr blicken. Dieses Verhalten beschäftigte uns sehr, und wir entschlossen uns zu einem Experiment. Karl schlüpfte in meine grüne Joppe, hängte sich die Schrotflinte um und strebte so ausstaffiert dem Maschinenschuppen zu. Sofort nahmen die Krähen Reißaus. Uns blieb vor Staunen der Mund offen stehen. Die Krähen erkannten sehr genau, wer auf den Hof gehörte und von wem ihnen Gefahr drohte.

Und da sage noch einer, eine so clevere Wildart ließe sich durch die Jagd in ihrem Bestand gefährden.

Eine Hasengeschichte

Klirrender Frost Anfang Dezember, dazu eine wenn auch hauchdünne Schneedecke, sternenklarer Himmel und zunehmender Mond. Das ist eine Wetterkonstellation, wie sie in Schleswig-Holstein nur alle Jubeljahre einmal vorkommt. Wen verwunderte es also, dass sich alles, was sich zur grünen Zunft zählte, auf Hochständen, Kanzeln und Ansitzleitern, an Gräben, Knicks oder Waldkante verschanzte, um auf Füchse oder Schwarzkittel zu passen. Feld, Wald und Flur glichen einer Staatsgrenze im Alarmzustand. Nur Fußlahme galten als entschuldigt.

Auch Jagdfreund Frank rüstete sich selbstverständlich am späten Nachmittag für den abendlichen Ansitz. Doch sein Sinnen und Trachten galt weit friedlicherem Getier, nämlich einem strammen Feldhasen, der als Festbraten für die weihnachtliche Tafel bereits von seiner Frau eingeplant war. Und da er bereits mehrfach ein besonders imposantes Exemplar aus dem Wald auf die davorliegende, mit Weizen bestellte Ackerfläche hatte ausrücken sehen, stand für ihn natürlich auch schon fest, wo das Hasenpassen stattfinden sollte.

Lassen Sie mich an dieser Stelle einflechten, dass ich selbst ebenfalls ein großer Freund und Befürworter dieser Jagdart auf Hasen bin. So gesellig und kurzweilig Treibjagden auch sein mögen, das beschossene Wild verkommt häufig zum reinen Schussobjekt. Was zählt, ist die Anzahl, die Strecke, nicht die einzelne Kreatur. Erst beim Ansitz nimmt man den Hasen als Individuum wahr, versucht anzusprechen, ob es sich um Häsin oder Rammler, um einen Dreiläufer oder mehrjährigen

Hasen handelt. Neben dieser, zugegebenerweise eher philosophischen Betrachtungsweise – denn sicher ist es dem erlegten Hasen egal, wo und wie ihn das Schicksal ereilt hat – lässt sich auch ein sehr materialistisches Argument ins Feld führen. Häufig werden auf den Treibjagden die Hasen mehrfach oder aber auf kürzeste Entfernung beschossen. Was dabei übrig bleibt, ist oft schlichtweg bleibespicktes Hackfleisch und nicht mehr verwertbar. Da lobe ich mir doch einen sauber auf das Blatt geschossenen Ansitzhasen.

Wobei wir wieder bei Freund Frank und seinem erhofften Weihnachtsschmaus wären. Schneeknurpsend und dicht in Loden eingehüllt, strebte er an diesem bitterkalten Abend dem Waldrand zu, stellte seinen Sitzstock vor einen dicht mit Brombeeren umrankten Koppelpfahl, legte sich ein Kissen unter die Stiefel und harrte der Dinge, die dort kommen sollten. Eine Stunde verging, längst hatte sich der Abend zur Nacht gewandelt, kalt stand der Mond am Himmel. Ab und zu knisterte und knasterte eine Maus durch das hohe, trockene Gras, ansonsten umgab ihn nur die Stille der Winternacht. Doch halt, da löste sich von der etwa 70 Meter entfernten Waldkante ein Schatten. Langsam hob Frank das Fernglas. Der Hase! Heiß und immer hastiger begann das Jägerblut zu pulsieren. Auch der Anblick eines Fuchses oder einer Sau hätte den Kreislauf sicherlich nicht noch mehr beschleunigen können.

Lange, sehr lange verhoffte der alte, gewiefte Waldhase vor der sicheren Deckung, um plötzlich, wie von der Sehne geschnellt, bis auf 20 Meter auf Frank zuzuspurten. Dort verhoffte er wieder, machte noch einen Kegel und wandte sich dann der Äsung zu. Im Zeitlupentempo hob mein Freund den Drilling, verlagerte dabei leicht einen Fuß, und schon knisterte leise der gefrorene Schnee. Schon schickte sich Mümmelmann zur Flucht an, da krachte der Schuss. Doch anstatt im Feuer zu liegen, zog es Langohr vor, in weiten Fluchten den Wald anzunehmen, erreichte die Schlagschatten und entschwand den weit aufgerissenen Augen des perplexen Jägers. Am Anschuss fand Frank Wolle und einige stecknadelgroße Schweißtropfen. Die wenigen Schrotkugeln, die den Schnee zerfurcht hatten, zeigten deutlich, dass der Hase die volle Garbe haben musste. Doch auf dem verharschten Schnee war die Fluchtfährte nicht zu halten. Also suchte Frank den Wall am Waldrand ab, wo er den Hasen zuletzt zu sehen geglaubt hatte, aber auch diese Nachsuche erbrachte nicht den erwünschten Erfolg.

Noch in der Nacht rief Frank mich an und erzählte zerknirscht von der Hasenschlacht. Bereits am nächsten Morgen standen wir beide und die Hauptperson, nämlich unser Kecki, Sie kennen ihn schon, am Anschuss. An der langen Feldleine arbeitete er mit tiefer Nase zielstrebig Richtung Waldrand. Direkt am Wall stand er plötzlich vor, doch kein Hase weit und breit. Achselzuckend schauten wir uns um, bis ich auf den glorreichen Gedanken kam, die langen verdörrten Grasbüschel an der Kante des Walls anzuheben. Und siehe da, da war er, unser Hase. Rückwärts eingeschoben in einen alten, überwachsenen Fuchsbau. Nur der kantige Kopf mit den langen Löffeln ragte ein klein wenig aus dem Loch hervor. Die längst gebrochenen und erstarrten Seher starrten auf den Acker, als wenn sie noch nach dem Gegner suchten, der ihm den Tod brachte. Für einen Moment sagten wir gar nichts, sahen uns nur an. Erst der vor Freude umherspringende und Laut gebende Hund riss uns aus unserer Nachdenklichkeit. Das Ende einer Hasenjagd.

Zum Ausklang

Ein trister, trüber Novembertag, an dem es aus grauschwarzen Wolken unerlässlich Bindfäden regnete. Doch es trieb mich hinaus in das Revier, hin zu der einzigen geschlossenen Kanzel an einer etwa drei Hektar großen Wildwiese, durch die sich ein mit Erlen bestandener Graben schlängelt und die an der anderen Seite vom Buchenhochwald begrenzt wird.

Anfangs trommelte der Regen noch unbarmherzig auf das hölzerne Kanzeldach, doch die Intensität ließ mehr und mehr nach, bis nur noch einzelne schwere Tropfen an den Buchen herunterklatschten. Was jedoch blieb, war ein leichter Nieselregen, und die schnell einsetzende Dämmerung verringerte die Chancen auf Anblick von Minute zu Minute.

Da löste sich aus dem Astwerk der gegenüberliegenden Randbuchen ein dunkler Schatten und schwebte lautlos – ohne den geringsten Schwingenschlag – über die Wiese: ein Mäusebussard auf der Suche nach einem geeigneten Nachtmahl. Der Greifvogel flog knapp über die Wipfel der Erlen, um kurz darauf abrupt die Schwingen anzuziehen und sich im Sturzflug auf eine mögliche Beute zu stürzen. Etwa einen Meter vor einer endgültigen Erdberührung nahm er sich jedoch wieder auf, um mich oder, besser gesagt, meine Kanzel direkt anzusteuern. Ich sank immer mehr in mich zusammen, bis nur noch die Augen unter dem breitkrempigen Jagdhut aus der Sichtluke erkennbar waren. Und wahrhaftig! Der Bussard blockte auf dem Dach der Kanzel auf. Deutlich konnte ich das Trippeln der dolchartigen Fänge nur wenige Zentimeter über mir vernehmen. Und dann, ich glaubte meinen Augen kaum zu trauen, erschien der Stoß am Rand des Kanzeldaches genau auf meiner Gesichtshöhe. Ich wagte kaum zu atmen. Langsam, unendlich langsam streckte ich die Hand aus und strich mit den Fingern behutsam über die braunen Stoßfedern. Als ob er an dieser Stelle kitzelig wäre, wackelte der Bussard mit dem Stoß hin und her. Gleichzeitig regte diese sanfte Massage allem Anschein nach auch die Verdauung an, denn unvermittelt reckte er sein »Hintergestell« in die Höhe, und das Geschmeiß flog in hohem Bogen an mir vorbei. Ein behagliches Gefiederschütteln folgte, der Stoß verschwand, und wieder war das Getrippel über meinem Kopf zu hören. Man begab sich wieder in eine geeignete Startposition, vermutete ich, und richtig, nur einen Moment später glitt mein Jagdkamerad mit ausgebreiteten Flügeln von seiner hohen Warte herab, um elegant eine Ehrenrunde zu drehen und sodann seinem Schlafplatz im Hochwald zuzustreben. Ich war dankbar, dankbar über dieses Geschenk des Augenblicks. Dankbar, Jäger sein zu dürfen und solche Momente in mich aufnehmen zu können.

Gebe Gott, dass mir noch viele davon vergönnt sind.

»Die Jagd ist die höchste Lust auf Erden«, ließ Frevert in seinen berühmten Geweihbecher prägen.

Dem gibt es nichts hinzuzufügen.